U0739677

小公司管理术

管理层日常工作全案

赵涛 赵彦锋◎著

江西美术出版社

全国百佳出版单位

图书在版编目（CIP）数据

小公司管理术 / 赵涛，赵彦锋著 . -- 南昌：江西
美术出版社，2020.1
ISBN 978-7-5480-6899-0

Ⅰ.①小… Ⅱ.①赵… ②赵… Ⅲ.①中小企业—企
业管理 Ⅳ.① F276.3

中国版本图书馆 CIP 数据核字（2019）第 044366 号

出 品 人：周建森
企　　划：北京江美长风文化传播有限公司
策　　划：北京兴盛乐书刊发行有限责任公司
责任编辑：楚天顺　李小勇
版式设计：阎万霞
责任印制：谭　勋

小公司管理术
XIAO GONGSI GUANLI SHU

著　者：赵　涛　赵彦锋

出　　版：江西美术出版社
地　　址：江西省南昌市子安路 66 号
网　　址：www.jxfinearts.com
电子信箱：jxms163@163.com
电　　话：010-82093808　　0791-86566274
邮　　编：330025
经　　销：全国新华书店
印　　刷：北京柯蓝博泰印务有限公司
版　　次：2020 年 1 月第 1 版
印　　次：2020 年 1 月第 1 次印刷
开　　本：710mm×960mm　1/16
印　　张：14
ISBN 978-7-5480-6899-0
定　　价：49.80 元

本书由江西美术出版社出版。未经出版者书面许可，不得以任何方式抄袭、复制或节录本书的任何部分。

版权所有，侵权必究

本书法律顾问：江西豫章律师事务所　晏辉律师

前 言
Preface

　　小公司是指注册资金少、人员少、销售额少、产值少的公司。在"大众创新，万众创业"的今天，很多人投身商海，走上创业的大道。通过注册公司资质，确定公司的经营方向，引进人才，一家小公司便问世了。但是如何打理公司，管好公司，让公司顺利地扬帆起航，在商海中乘风破浪前行，很多小公司的老板却感到心中没底，一片茫然。

　　有的管理者认为，小公司不需要管理，管理是大公司的事，只要抓好效益就行了。但"麻雀虽小，五脏俱全"，所以小公司也离不开管理。如果不采取必要的管理手段和技术，工作一旦开展起来，就会抓不住中心，顾此失彼，人浮于事，效率低下，公司经营就会失控，出现仓促上阵、仓促收兵的结局。在这里必须强调一下，管理的贡献不是由管理本身产生的，而是借助人、技术、产品、销售、流程和服务等管理对象产生的，因此尽管管理的价值我们看不见，但它带来的效益是实实在在的。

　　有的小公司老板则走向了另一个极端——他们非常重视管理，公司一成立就忙于制定一系列大大小小的制度，认为以后公司的一切管理只要照着制度来办就行了。这其实又是走入了一个误区。对于小公司来说，生存是第一位的，效率就是小公司的命根子。如果什么都用条条框框来精确衡量、严格行事，就很容易导致教条化，使管理失去灵活性，而且还会约束员工的手脚，扼杀他们的创造能力，造成团队的整体效率降低。这同样是不可取的。

还有的小公司老板认为，大公司有一套完备、成熟的现成的管理方式和技术，将它们直接拿过来用不就行了吗？这样不仅省事，而且管理起来成效也高。持这种想法的老板有不少是从大公司出来的，他们崇拜"大公司的管理模式"，所以在日常管理过程中，也喜欢效仿大公司的那一套管理模式来强化公司管理。但是小公司与大公司的情况不同，彼此差别很大，大公司适用的管理模式，不一定能适用于小公司。任正非在近年的一次访谈中分享了自己的管理哲学，他明确指出："小公司不要去讲太多方法论，如果小公司采用大公司的管理制度和方法论，专家讲得云里雾里，你搞不懂……不要把管理搞得太复杂。"小公司需要的是适合自己现阶段发展所需的管理模式，而不是千篇一律地照搬大公司的管理模式。

以上种种问题，在国内很多小公司中都存在，特别是照搬大公司管理经验的问题最为显著。我们再次强调：小公司需要的是适合自己现阶段发展所需的管理模式。对于小公司来说，生存第一，发展第二。首先要保证自己能够生存下来，有生存下来的资本，而不是像大公司那样，一天到晚谈论加强内部管理、强化组织制度等。小公司的经营，应该以生存为出发点，以效率为着眼点，管理上应侧重于战术和技术，而不应侧重于战略和策略。简单、务实、快捷、高效，是小公司老板要把握的管理大方向。"小公司有序、简单、不拘束。小公司充满激情，对官僚主义嗤之以鼻。小公司不乏好点子，好主意不问出处。在小公司里每个人都被需要，每个人都得参与，奖惩的依据是每个人对公司的贡献。小公司有远大理想，做出了榜样。"杰克·韦尔奇这样评价小公司。

《小公司管理术》紧扣小公司的经营特征，立足中国本土小公司的发展现状，结合国外一些优秀公司的管理思想，从公司创立伊始到管理者自身修炼，从人才管理、权力管理、沟通管理、激励管理、结果管理、团队管理，再到家族式小公司的管理等诸多层面，深入浅出地剖析小公司管理的各个环节和细节，探讨小公司管理过程中所遇到的问题，同时提供一系列有针对性的管理技术。

希望通过对本书的阅读，小公司的管理者能够分清管理上的误区，提高自己的管理水平和技术，在管理中少走弯路，突破公司发展的"天花板"，率领员工和团队同舟共济，不断创造佳绩，开创基业长青的大局面！

目 录
Contents

第六章　激励管理：赶员工跑，不如让员工自己跑

第七章　薪酬管理：鞭打快牛，给员工合理报酬

第八章　结果管理：拿结果说话，靠结果生存

第九章　团队管理：管理定江山，团队打天下

第十章　打破"富不过三代"咒语，缔造长青公司

第一章

大道至简：
小公司管理越简单越好

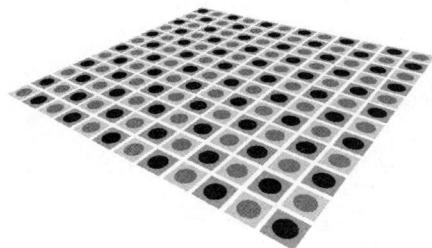

小公司什么都"小"，小公司管理要量体裁衣，实施"小管理"，不能搞大公司的"大管理"。这正如一个人戴帽子，头大要戴大号的帽子，头小要戴小号的帽子。

西方管理大师彼得·杜拉克说："最简单的也就是最好的。"通用电气前CEO杰克·韦尔奇也认为："成功属于精简敏捷的组织。"大道至简，简单就是力量，简单就是高效，小公司管理要抛却一切繁杂的制度和程序，让管理回归简单。

◤ 制度太多，等于作茧自缚

有道是"没有规矩，不成方圆"，很多小公司的管理者在公司创立之初，就忙着制定各种各样的制度，试图"依样画葫芦"，为公司的管理、经营、团队建设等搭起一个规范化、理想化的框架。其实，管理者一开始就这么做，说明他在管理上已经陷入了一个误区。

小公司在初创阶段开始是不需要建立完善的制度的。小公司的目的是要活下去，初创公司什么都不成熟，产品不成熟、技术不成熟、团队不成熟，人员需要磨合，头绪需要厘清。到底需要什么样的制度，怎样完善制度，从何处借鉴制度，借鉴什么样的公司制度？这些都难以确定。

一些小公司在初创阶段，企图通过各种制度来约束员工的行为，或通过制度来达到改善公司执行力的目的，但结果往往事与愿违。

公司每制定一项制度就是给员工增添了一项束缚，也进一步增加了员工的逆反心理。在这种情况下，如果某些制度严重增加了员工的工作量，那么这些制度就会成为员工的负担。

公司的发展需要制度护航，员工的行为需要制度约束。但是处于初创阶段的小公司，资金欠缺，各方面都很不完善，新招的员工对公司的发展目标和未来远景还不熟悉，公司还不具备市场竞争力，这时如果着急制定制度，用制度管理和约束员工，无异于给自己套上枷锁，自己给自己设置绊脚石。

就算小公司熬过了创业阶段的艰难时期，经营开始有些起色，公司开始步入规范化经营阶段，也并非意味着管理制度越多越好，更不是越复杂越好。恰恰相反，管理制度应该是越精简越有效。

因为人是懒惰的，几乎没有人会去翻看那些管理者花了很多心血著就的"作品"。相反，简单的方法、工具，人们爱用、会用，也愿意长期使用。细心的人也许会发现，飞利浦公司现在已经把广告语换成"精于心，简于形"了，他们制造的小电器外观设计得越来越简单，使用起来也更方便。为什么会这样？因为他们知道简单会得到更多人的喜欢。

再来看看我们身边，公司里有多少烦琐的条条框框、规章制度规范着员工的行为？而这些烦琐的规章制度又有多少是能够认真执行，确实产生了成效的呢？过于庞杂和烦琐的规章制度，员工根本记不住，也不愿花费时间精力去记，也因此实行不了、执行不下去。有的公司喜欢做一些严格详细的管理制度，一本《员工手册》动辄几十页，甚至上百页，根本没人记得住，更谈不上背得熟了。公司对员工的管理，就依照"规章制度"严格执行，一出通告，就会根据××条例第×条，执行"警告、记过、解雇"等处分，但是你的员工真的知道你的"条例"吗？

烦琐的公司制度，员工会把它当成摆设，甚至丢进垃圾筐。

小公司不是不需要制度，而是需要适合它的制度，需要精简的、能够得到员工认同的制度。一支高效团队的建立，一定不是靠复杂的制度打造出来的。全世界绩效最高的团队叫军队。中国人民解放军是一支高效卓越的团队，打造这样一支团队的秘密就是"三大纪律八项注意"，解放军就是靠坚持"三大纪律八项注意"完成了这支团队的打造，变成一支守纪律、听指挥、作战一流的团队。初创阶段的小公司的管理只要建立有效实用的制度，类似"三大纪律八项注意"这样的简单明了、易记易懂的制度就可以了。

作为小公司的管理者，在公司初创阶段应当把管理的重心放在公司的生存上，而不是忙着去制定那些让员工一看就头疼的烦琐制度。

最简单的管理是最好的

有7个人组成了一个小团体，共同在一起生活，其中每个人都是平等的，没有什么凶险祸害之心，但不免自私自利。他们想用非暴力的方式，通过制定程序来解决每天的吃饭问题——要分食一锅粥，但并没有称量用具或有刻度的容器。大家实验了不同的方法，发挥了聪明才智，几经周折形成了日益完善的制度。大体有以下几种：

方法一：拟定一个人负责分粥事宜。很快大家就发现，这个人为自己分的粥最多。于是，又换了一个人，结果总是主持分粥的人碗里的粥最多最好。大家由此得到的结论是：权力导致腐败，绝对的权力导致绝对的腐败；

方法二：大家轮流主持分粥，每人一天。这样等于承认了个人有为自己多分粥的权力，同时给予了每个人为自己多分的机会。虽然看起来平等了，但是每个人在一周中只有一天吃得饱而且有剩余，其余6天都饥饿难忍。大家认为，这种方式导致了资源浪费；

方法三：大家选举一个信得过的人主持分粥。开始，这位品德属上乘的人还能基本公平，但不久他就开始为自己和溜须拍马屁的人多分。大家总结教训，认为不能放任其堕落和风气败坏，还得寻找新思路；

方法四：选举一个分粥委员会和一个监督委员会，形成监督和制约。公平基本上做到了，可是，由于监督委员会常提出多种议案，分粥委员会又据理力争，等到开始分粥，粥早就凉了；

方法五：每个人轮流值日分粥，但是分粥的那个人要最后一个领粥。令人惊奇的是，在这个程序下，7只碗里的粥每次都是一样多，就像用科学仪器量过一样。每个主持分粥的人都认识到，如果7只碗里的粥不相同，他确定无疑将享有那份最少的。

分粥的问题终于解决了，方法五没有什么分粥委员会或者监督委员会，只是利用了人的本能。这是最简单的制度，也常常是最有效的制度。

"分粥"的故事揭示了一个简单的道理：管理方法很重要，先进的方法使庸才变人才，落后的方法使人才变庸才。管理制度的简化也同样重要，因为只有简单的，才是最有可操作性和执行力的，从这个意义上说，最简单的就是最好的。

其实，凡是真实、单纯、诚挚的事物，都最符合人类的天性。同样，小公司的制度、程序和规范也不应该太复杂，使其保持简单是管理有效进行的要旨之一。

▌ 让简化成为一种管理习惯

某报纸曾举办一项高额奖金的有奖征答活动，题目是在一个充气不足的热气球上，载着三位关系世界兴亡命运的科学家。

第一位是环保专家，他的研究可拯救无数人，使他们免于因环境污染而面临死亡的厄运。

第二位是核子专家，他有能力防止全球性的核子战争，使地球免于遭受灭亡的绝境。

第三位是粮食专家，他能在不毛之地，运用专业知识成功地种植食物，使几千万人脱离饥荒而亡的命运。

此刻热气球即将坠毁，必须丢出一个人以减轻载重，使其余的两人得以存活，请问该丢下哪一位科学家？

问题刊出之后，因为奖金数额庞大，信件如雪片般飞来。在这些信中，每个人皆竭尽所能，甚至天马行空地阐述他们认为必须丢下哪位科学家的宏观见解。

最后结果揭晓，巨额奖金的得主是一个小男孩。

他的答案是：将最胖的那位科学家丢出去。

事物本源其实很简单，但人们往往把他们复杂化。作为小公司的管理者，应当追求简单的管理方式，而不要将管理工作变得复杂化。否则就会舍本逐末，给管理工作添堵。

为了推动管理工作的有效进行，可以参考更多的简单化小建议，它们来自对许多成功者经验的总结，你可以反复实践它们，直至成为一种优秀的习惯。

1. 简化工作场所

大多数公司有着太多复杂的制度、程序和做事情的方式。鉴别出其中最浪费时间的，铲除它们，或简化它们，以提高效率。

2. 让会议更简单

管理者在开会听取下属的业务汇报时，首先要让下属明确，汇报不用具体到事情的方方面面。相反，应鼓励他们简单地陈述一下他们最近几个月里所得到的最好的构想。

3. 抛弃复杂化的备忘录和信函

真正的管理者不喜欢使用复杂的备忘录，而喜欢使用那些手写的简单的便条。日常工作中的交流应当充满创意而又简单明了，不要使用那些难懂的、复杂的行业术语。

4. 让员工专注工作本身，而不是绩效评估的名目

绩效评估本身立意良好，每一个人都应该随时知道自己的工作绩效如何。只是多数公司的情况是，绩效评估被过度操作，有各种不同的名目，还

有复杂的计算。然而管理者根本没有足够的时间做深入的评估，最后只是沦为数字游戏。公司真正的目标是扩大控制、减少成本，绩效评估的制度让公司有合理的借口开除不合适的员工。员工为了保住工作，只想着该怎么让自己的成绩更好一些。

事实上，不要让员工把精力花费在这些数字游戏上，不要因为公司今天要评估外语能力，就让员工自费上课恶补；某一天公司决定增加提案企划能力的考核项目，员工又开始烦恼该怎么办。这样只会让员工疲于奔命，结果却适得其反。

要有好的绩效，你的出发点是工作本身，而非绩效评估。你只要想到以下的问题：该怎样让员工把这件事情做好？员工必须加强哪方面的能力？当员工顺利完成目标、有了具体的成果，自然会有好的评估结果。

简化的极点：零管理层

橄榄树嘲笑无花果树说：“你的叶子到冬天时就落光了，光秃秃的树枝真难看，哪像我终年翠绿，美丽无比。”不久，一场大雪降临了，橄榄树身上都是翠绿的叶子，雪堆积在上面，最后由于重量太大把树枝压断了，橄榄树的美丽也遭到了破坏。而无花果树由于叶子已经落尽了，全身简单，雪穿过树枝落在地上，结果无花果树安然无恙。

这个故事启示我们：管理要删繁就简，避免复杂和烦琐，尽量做到简单化，越简单，越能减少问题的发生，越能提高效率。对于小公司来说，尤其如此。

一般说来，公司在发展过程中总是伴随着复杂化，而大多数公司的管理者都通过设计烦琐的制度、复杂的系统和结构来应付这种复杂化。因而，他们会招聘更多的人员使自己能够掌握这种复杂化，而这就是错误的开始之处。

通用电气公司（GE）的航空发动机厂在美国辛辛那提市的北面，过去有3万名员工，而现在就职的只有8000人左右。在宽大干净的厂房里，不但开铲车的司机不穿工作服，连装配线上的装配工人也不穿工作服，他们身着牛仔裤，文化衫，随随便便。这就是建立在"零管理层"上的工作现场氛围。

在这所8000人的发动机总装厂里，只有一个厂长和全厂职工两个阶层，而没有任何中间管理层。一般工厂常见的车间、工段、班组、工会、人事、财务、计划、技术、材料、供销等部门，在这里全部被取消。在生产过程中所必需的管理职务，如计划员、车间管理者、班组长、财务管理、供销管理等职务，都由员工们轮流担任。而一些临时性的工作，如招收新员工，就由各岗位抽调老员工临时组成人事部门，完成之后即解散（团队模式的灵活运用）。

这样做至少有两个好处：一是大大精简了工厂的机构，二是所有员工在生产过程中都是平等的。"零管理层"是由20世纪80年代进行的"无边界行动"的变革所带来的。"无边界行动"是无边界原理的一次实践论证，就是在公司的领导部门内部，打破行业、部门各负其责的工作方式，以事件来贯穿各部门的工作。比如，计划部门接到一张订单，那么有关这张订单的所有工作，如接待客户参观、培训，向工厂下产品任务，监督制造、运输、装配、调试、检修、维护，都由这个部门一竿子插到底。这既减少了部门之间的相互掣肘，也缩减了机构和人员。杰克·韦尔奇说："一个公司就像一座大楼，它分为若干层，而每一层又隔了很多小房间；我们就是要把这些隔层尽量多地打掉，让整个房子变成一个整体。"这与打破垂直边界、水平边界的无边界原理不谋而合。

对于以营利为目的的公司来说，推行一种新的管理方式是与其增长效益有关的。GE公司原来从董事长到基层的员工，大约有24～26个阶层，通过"无边界行动"及"零管理层"的推行后，GE公司的阶层减少到5～6层。经组织结构变革后的GE公司，如同轻装上阵的战士，一跃成为1996年全美利润率最高的公司，这对一个以工业产品为主导的公司来说是一个奇迹。

零管理层是一个奇迹，也是一种象征。管理实践中不一定真的实行零管理层，零管理层其实是简化执行程序的代名词。根据执行的目标、计划以及团队的文化，合理地简化执行的程序，减少管理层面上的损耗，保证决策和任务的执行效力。

小公司的管理者要树立"零管理层"的管理意识，在管理中尽量简化管理层级，清除管理中的障碍，推动公司和团队高效运转。

▛ 打破层级过多的管理"瓶颈"

小公司从无到有，本来就是一件十分不容易的事。通过数年的苦心经营，小公司已经具备了一定的原始积累，正面临着如何做大、做强和持续经营的问题。但不少的小公司却因无法突破发展"瓶颈"而纷纷"破产"。中国的民营企业大多是短命的，平均仅有3.9年的生命历程，可谓"昙花一现"。究其原因，是因为不少公司无法突破各种发展"瓶颈"，其中管理"瓶颈"是横亘在众多小公司面前的一大障碍。对于民企来说，管理越来越成为一种持久竞争力。一个管理混乱的公司当然谈不上什么市场竞争力。严格意义上来讲，目前绝大多数的民企都面临着不同程度的管理危机。正如"蝴蝶效应"一样，管理危机很可能导致成本管理危机、组织机构的制衡危机、人才管理危机、公司文化危机、市场信用危机等种种危机。

公司发展到了管理"瓶颈"期，最明显的表现就是组织架构重叠、管理层次繁多、人员冗余。因为我国许多小型民企的管理者对整个公司具有绝对的控制权，组织架构设置随意性比较大，很可能几个人或部门都在做同样的事情，无形中造成人力资源的浪费。不少公司的组织架构是金字塔状，管理层有七八层甚至十几层。中间管理层过多，会使部门之间信息沟通不畅，协调困难。不合理的组织架构设置导致机构臃肿。一般只有员工上万的大型公司才设置总经办、行政部、人力资源部等部门，但一些员工仅数百人的小公司也这样设置。部门划分过细就会使部门之间业务交叉，导致权责分配不清晰。机构臃肿的并发症是人员冗余，人浮于事。公司管理层次过多最直接的后果是人力资源成本居高不下，间接后果是政出多头，员工职责不明晰，士气低落，从而导致工作效率降低。

不仅如此，管理层次过多的公司，其经营管理必然还会有如下症状：

一是决策效率和效果低下。公司经营管理是否有效，很大程度上取决于生产经营情况和决策管理信息能否快速、准确、及时、无误地上传和下达。公司管理层级过多、链条过长，势必使上下信息沟通不畅或延误失真，这样既会降低决策效率，又容易导致错误决策。

二是管理成本增加。公司经营管理不仅有人工成本，也有组织成本。管理成本投入后的产出利润大小，可以反映公司内部管理效率的高低。

三是内部监管失控。公司监督管理的有效性必须在一定的合理层级范围内才能发挥。公司管理层级过多，覆盖面过宽，管理就会出现漏洞，监督和管理只能流于形式。

四是竞争和适应能力下降。由于机构臃肿、决策低效，因而反应迟钝、行动缓慢，往往难以适应快速多变的外部经营环境。加上涉猎行业过多，经营范围过于分散，往往不能把有限的资源和精力集中在自己擅长的领域，造成主业过多，主辅不分。

五是由于管理层级过多，造成相关控制人员也随之增多，从而形成了各种各样难以控制的资产流失渠道。

对于广大的小公司而言，在其发展的初始阶段，如果盲目穿上“大衣服”，管理体制盲目做大求全，等待它的只有失败。这一阶段最合适的就是进行家庭作坊式管理，其实就是直线管理：管理层次不能超过两级，报表不能超过10份。要知道，过度管理也是会增加公司成本和降低公司活力的，创业阶段的灵感比计划更重要，创业阶段当家人的直线管理有利于提升团队的凝聚力和战斗力。

无边界组织：砸断组织的锁链

1981年，杰克·韦尔奇入主GE。当时他所接管的GE可谓是个半死不活的公司，正面临着一系列问题：机构臃肿，管理层级复杂，层次过多，灵活性低，僵化的官僚气息弥漫公司上下，令人窒息。正是僵化的体制使得整个GE的员工习惯于以往的成就，看不到未来的危机，循规蹈矩，缺乏创新，公司很难有大的突破。

目睹公司的现状，韦尔奇决定开始再造GE，他大胆地提出了“无边界”的管理理念，希望通过践行这一理念把GE与其他世界性的公司区别开来。

他预想中的无边界公司是：将各个职能部门之间的障碍全部消除，信息在工程、生产、营销以及其他部门之间能够自由流通，完全透明；国内和国外的业务没有区别；把外部的围墙推倒，让供应商和用户成为一个单一过程的组成部分；推倒那些不易看见的种族和性别藩篱；把团队的位置放到个人前面。正是在无边界管理理念的指导下，GE才不断创新，始终保持充沛的活力，取得了惊人的成就。

在传统的公司管理模式下，公司按照需要把员工和业务流程进行划分，使得各个要素各负其责，各尽其职。

传统的公司组织机构是一种自上而下的金字塔式的管理模式，管理机构恪守各自严格的边界，公司有着严格的组织和等级界限。而这往往造成组织规模庞大、等级过多、职权过于集中、组织效率低下、应变迟缓乏力、内部沟通阻隔等问题，阻碍创新且抑制了员工的主动性。随着时代和经济的发展，这种管理层次过多的组织结构，由于存在对外界环境变化响应迟缓和压抑组织成员全面发展等弊端，越来越无法适应新经济时代公司管理的需要。

陷入此种管理"瓶颈"的小公司，可以参考杰克·韦尔奇的"无边界"管理理念，注意加强科学的组织设计，减少不必要的管理层级。

"无边界"管理的宗旨，寻求的是减少管理链条，对控制跨度不加以限制，取消各种不必要的职能部门，以授权的组织和团队取代部门。面对庞大的公司机构，通过无边界管理减少公司内部的资源浪费和政令不通，消除公司的内部管理障碍，为公司管理营造更畅通高效的条件。

对于小公司来说，组织规模过大，管理层次过多，组织结构就会趋于复杂和形式化，易造成信息流通不畅、程序复杂甚至滋生官僚主义的弊端，导致公司人力和资源浪费，效率低下。

小公司组织机构的设置，必须本着科学的管理层次和管理幅度相结合的原则。管理层次划分必须适当，层次不宜过多，必须以提高效率为准则。科学的公司管理意味着首先要有一个科学的组织设计。组织设计是为组织目标的实现服务的，是以自己的公司规模、生产特点、员工数量和能力作为基本的考虑依据。科学的组织设计可以使组织形式与公司的运作需要达到最佳的契合，可以通过科学、合理地组织设置减少不必要的管理层次，避免人力资源的浪费和提高管理工作效率，从而为公司获得最佳效益奠定基础。

实施无边界管理，构建无边界组织结构，能够克服规模与效率的矛盾，使公司具有大型公司的力量，同时又具有小型公司的效率、灵活性和自信。

▶ 一页备忘录：把问题搞清，把事情搞透

宝洁公司的制度具有人员精简、结构简单的特点，并且该制度能与公司雷厉风行的行政风格相吻合。经理们常谈到"深刻明了的人事规则"，宝洁公司的这一制度推动顺利、沟通良好。该公司的标语是"一页备忘录"。

该公司的前任管理者理查德·德普雷强烈排斥任何超过一页的备忘录。他通常会在退回一个冗长的备忘录时加上一条命令："把它简化成我所需要的东西！"如果该备忘录过于复杂，他还会加上一句："我不理解复杂的问题，我只理解简单明了的。我工作的一部分就是教会他人如何把一个复杂的问题简化为一系列简单的问题，这样我们才可以更好地进行下面的工作。"

一次，宝洁公司的一位经理向管理者理查德·德普雷递交了一本厚厚的备忘录。在这份备忘录上，他详细地介绍了他对公司问题的处理意见。没想到，理查德·德普雷连看都没看，就在上面加了一条批语："把它简化成一页纸！"

曾任该公司总裁的爱德华·哈尼斯在谈到这个传统时说："从意见中择出事实的一页报告，正是宝洁公司决策的基础。"

一页备忘录解决了很多问题。首先，因有待讨论的问题数量少，复核和使其生效的能力大大加强。一页备忘录使人们的头脑明朗化。其次，建议条目按序展开，简洁易懂。总之，模糊凌乱与一页备忘录无缘。

查尔斯·埃姆斯是雷兰斯电器公司的前任总裁，现任阿克米·克利夫兰公司总裁。他发表了一个相关的观点："我可以让一位部门经理连夜赶出一份长达70页的意见稿，但在我看来做不到的是得到一份只有一页长的稿子、一个图表，只注明趋向和根据这些趋向所做出的预测，然后说：'这三个因素可能会使其表现得更好，这三个因素可能会使其变得更糟。'"

一位金融分析家曾评价宝洁公司说："他们干的是费力活，把事情搞得很透彻。"另一个补充说："他们处理问题很精细，甚至追求完美。"旁观者质疑，如果说报告只有一页长，他们是如何使其处理得如此透彻、如此精湛的呢？部分答案是，他们不遗余力地努力将其浓缩为一页。传统上讲，由助理品牌经理或是年轻的品牌经理起草的第一份备忘录，至少要有15页。另一部分答案是，他们做大量的支持性分析。

这就是宝洁的风格。在宝洁公司随处可以见到"一页备忘录"这条标语。他们坚持只用一页便笺进行书面交流。宝洁的管理者要求员工不遗余力地将报告的精华浓缩到一页纸上。一页备忘录成了宝洁公司文化的一种折射，在公司内部形成了一种风尚。

任何制度都可以简化，为了提高效率，小公司应当采用简便的方法加强公司内部的沟通，而一页备忘录就是一种行之有效的手段。

一页备忘录能把问题搞清楚，把事情搞透彻，能将工作化繁为简。马上行动，追求简单，事情就会变得越来越容易。反之，任何事都会对你和你的员工产生威胁，让你感到棘手、头痛，精力与热情也随之减退。就像必须用双手推动一堵牢固的墙似的，费好大的劲儿才能完成某件事情。化繁为简，可以让你的工作变得可行，你的信心和成就感也会跟着大增。

▌ 立竿见影的"一分钟管理"术

管理者大致可分为两种类型：一种是现实型的管理者，在管理实践中，他最关心的是利润底线并严格以此为界。这种模式可以提高组织的绩效，但下级的利益得不到保护。另一种管理者则更关心员工而不太注意他们的组织绩效。

"善良"的管理者能使员工的利益得到较大的增加，却以牺牲组织的绩效为代价。有效的管理必须除去这两类管理的弊端，既要考虑组织本身利益，又要兼顾员工的利益。

有效的管理意味着组织利益最大化，员工的才能也能淋漓尽致地发挥出来，员工在有效完成工作的同时也实现了自我价值。有三种管理技能可以帮助管理者达到这样的效果，即确立目标、强化表扬形式和实行口头形式的处罚。

概括地说，有效的管理不用花费太多的时间，只需灵活地运用已被证明是有效的管理措施———一分钟目标、一分钟奖励、一分钟处罚。下面就是如何有效运用这些措施的概述。

1．一分钟目标

"一分钟目标"是用来划分职责和确立评价工作绩效标准的。没有这些职责划分和标准，员工就不知道上级期望他们做的是什么，而只能在心里琢磨什么是十分重要的。有效使用"一分钟目标"包括以下的观点：

（1）上下级之间需就工作内容达成共识。

（2）在一张纸上用不超过250个字记录每个目标的内容，这样便一目了然。

（3）以目标的形式明确下级需要做些什么及工作标准，以便互相沟通。

（4）控制员工与实际目标间的偏差，不断地进行修正。

这些内容在员工进行自我管理时，都能得以体现。员工作为完成"一分钟管理"的要素之一，可以把工作中遇到的一些问题带回家中思考，进一步对管理者给他们提出的"一分钟管理"内容进行核对，找出问题的答案。在具体的实践中，管理者应当坚持下级应自己设法解决问题，而且要求他们避免将来在工作中可能出现的麻烦。

2．一分钟奖励

"一分钟奖励"是通过检查员工的工作情况，详细记录员工每次的进步，一旦发现他们做得不错，就进行"一分钟奖励"。这种技巧包括如下内容：

（1）及时对下级的表现做出评价，让他们清楚自己在管理者心目中的印象。

（2）当员工有突出表现时，管理者应尽快鼓励他们，对他们进行赞赏，让他们知道自己做得对。

（3）在做出表扬之前，要想清楚员工是否真做得好，如果是这样就鼓励他们继续努力。

（4）恰当运用握手和其他的鼓励方式。

以上每种方法都包含自我管理的思想。员工会感到，只要在这样的管理者手下工作一段时间，你就会尽力让自己把工作做好，并能自觉运用这种技巧以致可以进行自我激励。

3．一分钟处罚

"一分钟处罚"是指当员工做错一件事时，管理者要马上作出反应，并让他知道自己错在哪里。在提出批评和处罚后，管理者还应当告诉他，作为一名员工，他还是能够胜任这个工作的，希望以后不要再犯这种错误。"一分钟处罚"的技巧包括以下内容：

（1）向员工坦言，你将指导他们如何做。

（2）一旦出现不良表现就要及时加以处理，明确地告诉员工他错在哪里和你对此的反应（下达指示前稍做思考）。

（3）可以用一种适当的鼓励方式，来强调员工在组织中做出的贡献，但同时要明确指出，这种不良的表现是不允许再出现的。

（4）记住不要反复批评同一种行为。

以上三种技能构成了有关"一分钟管理"的核心内容。

小公司的管理者应当教导员工领会"一分钟管理"的内容和宗旨，并与自己达成共识。应用这些措施的关键在于坦诚和公开性，通过行为的正向强化，引导员工按期望的要求行动，直到他彻底完成全部工作。这种技术性的方法叫作"定型"——员工在工作过程中，你应不断对之加以表扬鼓励，使其行为不偏离你的要求，不要等他完成了全部工作之后再表扬。实际上，如果你等到员工彻底完成工作时再表扬他，或许已经错过了最好的时机，因为你没有及时鼓励和强化。

不同的情况下，应采取不同的管理办法。例如，新人一般工作效率比较低，这样管理者应先替他们制定一个目标，帮助他们把工作做好，而不能一开始就处罚他们。因为经验不够而导致信心不足，这时对他们进行处罚是不合理的。当定下标准后，及时加以表扬和鼓励或许更有效。如果管理者禁不住要对一名员工发作，那么先发火未尝不可，但事后务必表达对员工工作的支持，切不可报怨不止。

"一分钟管理"的技巧可概括为：用较少的时间就能得到很多的成果；留出一些时间进行思考和计划；对管理者来说，减少心理压力，保持健康的心态很重要；让员工们知道大家分得的利益都基本公平合理；减少缺勤现象和工作流动。

人员最少化，效率最大化

在管理上，并不是人多就好，有时人员越多，工作效率反而越差。只有找到一个最合适的人数，才能收到最好的效果。在一个组织中，只有每个部门都真正达到了人员的最佳数量，才能最大限度地减少无用的工作时间，降低工作成本，从而达到效率和利益最大化。

沃尔玛前总裁山姆·沃尔顿为我们提供了一个很好的案例。

山姆·沃尔顿有句名言："没有人希望裁掉自己的员工，但作为公司高层管理者，却需要经常考虑这个问题。否则，就会影响公司的发展前景。"他深知，机构庞杂、人员设置不合理会使公司官僚之风盛行，人浮于事，从而导致公司工作效率低下。为避免这些在自己的公司内发生，沃尔顿想方设法要用最少的人做最多的事，极力减少成本，追求效益最大化。

从经营自己的第一家零售店开始，沃尔顿就很注重控制公司的管理费用。在当时，大多数公司都会花费销售额的5%来维持公司的经营管理。但沃尔玛则不这样做，它力图做到用公司销售额的2%来维持公司经营！这种做法贯穿了沃尔玛发展的始终。

在沃尔顿的带领下，沃尔玛的员工经常都是起早贪黑地干，工作卖力尽责。结果，沃尔玛用的员工比竞争对手少，但所做的事却比竞争对手多，公司的生产效率当然就比对手高。这样，在沃尔玛全体员工的苦干下，公司很快从只拥有一家零售店，发展到拥有全球2000多家连锁店。公司大了，管理成本也提高了，但沃尔顿却一直不改变过去的做法——将管理成本维持在销售额的2%左右，用最少的人干最多的事！

沃尔顿认为，精简的机构和人员是公司良好运作的根本。与大多数公司不同，沃尔玛在遇到麻烦时，不是采取增加机构和人员的办法来解决问题，而是追本溯源，解聘失职人员和精简相关机构。沃尔顿认为，只有这样才能避免机构重叠、人员冗杂、公司被拖垮。

在沃尔顿看来，精简机构和人员与反对官僚作风密切相关。他非常痛恨公司的管理人员为了显示自己地位的重要，而在自己周围安排许多工作人员。他认为，工作人员的唯一职责，就是为顾客服务，而不是为管理者服务。凡是与为顾客服务无关的工作人员，都是多余的，都应该裁撤。他说：只有从小处着想，努力经营，公司才能发展壮大！沃尔玛能有今天的成功，自始至终地坚持低成本运作这一点功不可没。

在一个竞争越来越激烈的世界里，小公司要想长久地生存下去，就必须长久地保持自己的竞争力。公司竞争力的来源在于用最小的工作成本换取最高效的工作效率，这就要求公司必须要做到用最少的人做最多的事。只有机构精简，人员精干，公司才能保持永久的活力，才能在激烈的竞争中立于不败之地。

精兵简政，为公司“瘦身”

只有缩减不必要的管理人员，才能减少工作时间和工作成本。而唯有精简才能达到这一目的。

ABB公司是生产发电机、机车以及防公害设备的具有世界水准的重型机电设备公司，年销售额为300亿美元。1988年，瑞典的阿塞亚公司和瑞士的布朗·包维利公司合并时，该公司总裁帕西·巴奈彼科将总部原有的1000多人缩减到150人，而且他们几乎都是负责生产一线的管理人员。通常由总部担负的职能，如财务、人事、战略规划等都被下放给基层，由分布在不同国家和地区的业务部门自行完成。

该公司还有一个引人注目的地方，就是它拥有5000个"利润中心"，每个中心平均有50名员工。各中心分别拥有各自的损益计算表、资产负债平衡表，与客户保持直接的业务联系。这种利润中心的最大优势是具有独立性，它可以摆脱各种制约，最大限度地接近市场，为客户提供全面、满意的服务，是一种最能代表顾客需要的公司组织形式。能够与市场保持最紧密的业务运营，可以说是精干的总部的最大优势。此外，它还有很多优点，如决策迅速、便于内部交流，以及对经营资源的分配较为高效。

铲除官僚主义，面对市场变化进行快速反应和决策，对提高员工的工作热情很有帮助。当然，在改革之初，都会伴随着某种阵痛。例如，ABB公司在将总部上千名员工派往各业务部时，由于人员调动不可避免地涉及迁居等实际问题，也确实产生了某种不稳定和震荡。

建立精干的总部还有利于培养员工的创新意识。大幅度放宽权限后，员工的创新素质和工作能力有所提高，打破了过去那种逐级晋升的垂直移动，取而代之的是以水平调动的方式来磨炼员工的创新精神。

经过这样的一番调整，ABB公司更能适应未来世界市场的变化。美国通用汽车公司（GM）总裁约翰·史密斯说，通用汽车在欧洲的事业取得成功，也正是因为他改变了以往的做法，采取了类似ABB公司精兵简政的策略。

ABB公司的这个经验值得在小公司中广泛推广。要想使你的组织更有效率、更有活力，就必须先给你的组织"瘦身"。

确定责任人的最佳人数，对公司和团队"瘦身"计划的实施和提高公司效率至关重要。

一个简单有效的愿景胜过千言万语

园里有三组人，每组有10人，午餐时间到了，看天色快要下雨了。

第一组有人说："起来，跟我走。"他的行动只引来数名追随者，他只好对其他还坐着的人大叫："起来，立刻都站起来！"在第二组，有人说："看来我们非要离开不可，请注意听好，我的行动计划是大家都站起来，朝那棵苹果树前进。每个人请跟其他组员保持至少二英尺的距离，不许跑，也不准将任何私人物品遗留在原地，到了树下就停止行动。等我们都到齐后……"在第三组，有人出面说："几分钟后就会下雨了。我们何不到那棵苹果树下，不但不会淋湿，还有新鲜苹果当午餐。"

第三组的人不仅淋不到雨，而且有了一顿丰盛的天然午餐。他们区别于其他两组人的关键因素是：他们建立了自己的愿景。

对于初创的小公司来说，一定要设定和确立自己的发展愿景。如果没有愿景，公司就会盲目经营，失去方向，而且员工也很迷茫，不知道为什么而奋斗，失去动力，如此就不能激发员工的激情和干劲，导致整个公司绩效低下，甚至陷入瘫痪。

公司愿景顾名思义是指根据公司现有阶段经营与管理发展的需要，对公司未来发展方向的一种期望、一种预测、一种定位，是描绘公司期望成为什么样子的一幅图景。愿景清晰地描述了公司的理想状况，使公司的未来更加具体化，换言之，愿景指明了公司在未来想要前进的方向。

公司愿景是公司管理者对公司前景和发展方向的一种高度概括，是一幅充满激情的"巨大的画面"，是一个公司的领导用以统一每个员工的思想和行动的有力武器，帮助公司员工意识到在公司中他们应该去做什么，全力以赴向着未来奋进。

愿景概括了公司未来的目标、使命和核心价值，是公司哲学中最核心的内容，是公司最终希望实现的图景。它就像灯塔一样，始终为公司指明前进的方向，指导着公司的经营策略、产品技术、薪酬体系等所有细节，激励全体员工同心同德向着既定的目标努力奋斗，是公司的灵魂。公司愿景必须是清晰的，只有清晰的愿景才能引领追随者，怎样才能做到清晰，唯有使其变得简单。

有了共同的愿景，得到每个员工的认同，就可以极大地推动公司的成长。愿景也有两面性，糟糕的愿景可能只会激化矛盾或者打击团队的积极性。一个有效的愿景的特质可以用以下几个方面来概括：

（1）可以想象：有效愿景是公司未来的模样。

（2）期望中的：它诉诸员工、客户、股东等与公司利害相关者的长期利益。

（3）可行的：包含切合实际、可能达成的目标。

（4）有重点：重点清楚，足以作为决策指导原则。

（5）有弹性：足以作为大原则，允许个别部门自主行动以及应对环境变动做不同的回应。

（6）可沟通的：沟通容易，在5分钟内就能解释清楚。

对于中国的大部分成长中的小公司来说，最需要的是愿景的引领。管理者要把公司存在的价值、存在的目标以及如何存在三大哲学命题进行详细的富于野心的思考，把到底要带领公司团队走向哪里这个基本问题定个调子。

优秀公司成长的背后，总有一股经久不衰的推动力——公司愿景激励着这些公司不断向前。有了共同的愿景，公司从上到下就有了共同的积极的心态，为公司的长远发展注入强劲的精神动力。小公司的成长和壮大，从建立共同的愿景开始。

第二章

自我管理：

江山之固，在德不在险

中国古人云："江山之固，在德不在险。"意思是说巩固江山不在于地势是否险要，而在于一国君王的德行。这一道理用在管理上，有异曲同工之效。

小公司的管理者靠什么去管理员工，凭什么让员工追随你，靠什么率领团队一同打江山？不靠他的权力，不靠他的地位，而靠他的德行。"德"是做人之本，是从商之道，也是管理之本。管理者要修炼自己的德行，提升人品修养，靠出色的人格魅力感召员工。

▼ 魅力是统率员工的指挥棒

曾经在一个报告会上有一位著名公司企业家说："在现实世界里，众所皆知的一流管理者无一例外地都具有一种特有的人格品质，他们处处展现出魅力领袖的风范。他们不但能激发下属们的工作意愿，还具有高超的沟通能力，能够动之以情，晓之以理，浑身散发出热络引人的力量，尤其重要的是，他带领团队屡创佳绩，拥有一连串骄人的辉煌成就。运用奖赏力与强制力来领导，也许有效，但是如果你要提高自己的领导魅力，赢得众人的尊重和喜爱，我建议你们尽最大的努力以影响并打动下属。谁能做到这点，谁就能成为一位成功的领导人，完成许多不可能完成的任务。"

公司员工为什么为他的管理者卖力工作？很重要的原因就是，他的管理者所拥有个人魅力像磁铁般征服了他的心，激励他勇往直前。你可能会听到一个员工说："你和他在一起待上一分钟，你就能感受到他浑身散发出来的光和热。我之所以卖命努力，乃是因为他强大的魅力深深地吸引了我。"

从领导效能的观点来看，我们不得不承认：魅力远胜过权力。优秀的领导才能，特别是个人的魅力或影响力，比他的职位高低和能否为员工提供优越的薪资、福利来得重要许多，这才是真正促使他们发挥最大潜力、实现任何计划和目标的魔杖。

多少年来，有关统御、领导的书籍和研究报告数以千计，讨论的主题涉及组织领导、管理者行为、权力领导的可谓数量众多，内容广泛。这些重要的主题包含了许多不错的构想。事实上，就一句话：与其做一位实权在手的主管，不如做一位浑身散发"魅力"的管理者。也就是说，小公司的管理者需要的是令人慑服的魅力，而不是令人生畏的权力。

带人要带心。要做一名令所有员工都发自内心地敬佩的管理者，除非你具备了相当程度的魅力与影响力。否则，很难实现领导统御的第一个课题：赢得下属的信赖和忠心。因此，是否拥有这种魅力，是一个小公司的管理者能否成功的关键。

我们常常可以听到成功公司中员工的感受和心声："我觉得我的管理者不能没有我，因为他相当重视我，我愿意为他努力工作。""他好像是我的父母、兄长、益友和良师，他比别人更关怀我、更爱我，而且他愿意担负百分之百的成败责任。""我的管理者让我感到我很重要，他让我觉得在团体里有归属感。""他让我很明确地知道我如何才能成功，他告诉我目标和方向，并说服我和他一起同舟共济。"

可以看出，除非激发了一个人的工作动机，否则很难让人愿意追随你。成功的管理者能够让下属追随的地方不在于他的职位和权势，而绝大部分在于他有没有具备迥异于人并足以吸引追随者的魅力。

这种魅力对于小公司的管理者是如此重要，以至于一旦失去了它，便会给下属产生离心作用，使人心涣散，工作混乱。

吸引下属追随你赴汤蹈火

领导魅力是可以培养和增进的。因此不用过分担忧和怀疑自己有无足够的领导魅力。一位心理学家也说过这么一句鼓舞人心的话："每一个人都有一方魅力的沃土，等待你去开垦。"如果你希望增强自己的领导魅力，就努力去学习。

培养魅力从哪里入门呢？要注意哪些基本原则呢？

作为小公司的管理者，如果你希望成为一位更具魅力的管理者，要做的第一件事情，就是培养和发展一项吸引追随者的超凡特质——"跟我来"。要使追随者"跟我来"，你必须先懂得如何激发他们的追随动机。这里我们建议你切实做到下列四件事情，这会使你具有激发你下属的追随动机的魅力。

首先，要使员工感到他们重要。每个人都希望受到重视，你要设法让下属感到自己很重要，并竭尽所能满足他们的这项要求。

其次，要推动你的远见、目标，并说服下属相信你的目标是值得全心投入的。

再次，记住：想要别人怎样待你，你就必须这样对待别人。你想让别人追随你，你就要关心他们，公平对待他们，将他们的福利放在你的眼前。

最后，为你自己的行为负责，也要为你下属的行为负责。千万不要将责任推给别人。要提醒自己说："这是我的错，不能怪任何人。"

另外，培养和增进领导魅力，是要讲究方法和技巧的。当你激发了下属的追随动机之后，你还必须确实做到下面三点，才能更进一步展现令人慑服的魅力，有效吸引下属为你赴汤蹈火，让他一辈子永远跟随着你。

这三件事就是：扬善惩恶，是非分明；做一个前后一致的人；注意别人，也让别人注意你。

事实证明，有80%的管理者很难做到，结果造成员工们离心离德，大家怨声载道，工作成效无法大幅度提高。这种现象值得注意和警惕。但与其提高警惕，还不如主动完善个人的魅力，使自己获得这种令下属为之慑服的吸引力。

▼ 以身作则，当好"带头大哥"

想让员工对你有一种肃然起敬的感觉吗？如果你想使下属做到这一点，凡事以身作则是最重要的一环。

办公室里是否会经常发生这样的事？"小李，你还在煲电话粥？怎么效率如此差劲？"肥胖的陈总批评打字小姐，可他自己连电脑的键盘都没碰过，每天躲在办公室煲电话粥的，整个公司除了他之外，别无他人。

还有一位管理者不理解下属所担任的工作，只是要求快而准。他甚至不能忍受他的员工在座位上做松弛筋骨的运动，认为这等于伸懒腰，是懒散的表现。员工却看见他呵欠频频、睡眼惺忪，心里感到格外厌恶。在如此气氛中工作，业绩当然不佳，那么不管这位管理者如何责备下属，情况也不会有多大的改善。

但还有另一种完全不同的管理者，他经常不计较身份，与下属一起到仓库里搬货物。他的下属工作效率高、气氛良好，出错率极低。

作为一名小公司的管理者，要想下属积极投入工作，首先自己要有这份情操。遇到下属迟到的问题，在责备其上班不准时的时候，先要想想自己是否做到了按时上班。自己都没有做到的事情是无权要求别人做到的，否则会引起其下属的不满和不信任。

具体来说，如果遇到下属迟到，有一些微妙的方法可以在无形中改善这种情况。待迟到的下属上班，跟对方打个招呼后，有意无意地看看手表；如果对方仍无反应的话，也就别再追问。等待他再一次迟到，又与上次的情况一样的话，不妨问他是否居住得很远，然后建议他提早些起床。整个过程，勿忘保持友善的笑容；而且声音不要太大，仅对方能听到就可以了，以免他在同事面前感到尴尬，而产生仇恨感。

还有一个许多管理者会犯的严重错误，就是开会和散会的时间不定，全凭个人心情行事，这是最要不得的。开会时间一经定下，就不能因私人理由而随意改动，须通知下属刻意安排腾出那段时间开会，如果你随时改变，下属会对你大失所望，影响工作进度和情绪。

无论是开会这样的大事，还是鸡毛蒜皮的小事，作为小公司的管理者都应该以身作则，换句话说，是领头人就一定要有领头人的样儿，否则就不要做管理者。

以身作则不是整天在下属面前喊喊口号就可以了，实际示范永远比口号更重要，且更能让你的下属钦佩有加。

一个以身作则的管理者应当是这样的：为你的下属树立高标准的学习榜样；通过自己努力工作树立榜样；身体要健康，精神要饱满；要完全掌握自己的情绪；要保持愉快而乐观的仪表和态度；在指责或批评别人的时候，不要把个人因素掺和进去；待人要随和，要有礼貌；你的话必须一诺千金。

在日常的管理活动中，每天实践上面的准则，你很快就能把这些个人品质发展到你的下属要向你学习的程度。你会激发他们为你工作的热情。你想让他们做什么，他们就会做什么，这才是货真价实的领导权，也是最大程度地驾驭下属的能力的具体表现。

带动“发动机”，然后提供舞台

作为一家小公司的管理者，获得成功的一个技能就是充分调动公司中所有员工的积极性。

要想激发员工的积极性，管理者就要以身作则，做员工的表率，成为带动团队的“发动机”，同时为员工提供发挥才能的舞台。这种管理风格被称为“发动机理论”。

前日本经联会会长土光敏夫，是一位地位崇高、受人尊敬的企业家。土光敏夫在1965年曾出任东芝电器社长。当时的东芝人才济济，但由于公司层次过多、管理不善、员工松散，导致公司绩效低落。

土光敏夫接掌之后，立刻提出了“一般员工要比以前多用三倍的脑，董事则要十倍，我本人则有过之而无不及”的口号，来重建东芝。他的口头禅是“以身作则最具说服力”。他每天提早半小时上班，并空出上午七点半至八点半的一小时，欢迎员工与他一起动脑，共同来讨论公司的问题。

在土光敏夫的带动下，东芝的员工在工作中开始自觉地督促自己，检查自己是否还有做得不够的地方。整个公司一改昔日颓废衰败的迹象，从上到下呈现热火朝天的气象，公司从此恢复了生机和活力，效益蒸蒸日上。

在实践中，管理者该如何实施“发动机理论”呢？

1. 启动“发动机”

你的下属会发自内心地把你看作他们的带头人，看作学习的榜样。如果你能够履行自己的义务，全身心地投入工作中，以身作则发挥出榜样作用，下属就会尊敬你、追随你，跟着你的脚印走，去做正确的事情。所以，你首先要做一个好榜样，激发下属的工作热情，启动团队运转的“发动机”。

2. 提供舞台

启动“发动机”后，就要给员工们提供一个宽广的舞台。在制定了公司的总目标之后，就要赋予公司的部门经理和员工们实现目标的权利，放手让他们去干。在此过程中，要给予他们必要的技术、物力等方面的支持，并和他们一起探讨工作中遇到的困难和问题，帮助他们出谋划策，以保持和总目标同步。

3. 强调“三心”

一是责任心，任何一名员工都必须有责任心。二是野心。对中层干部而言，除了责任心，还要有野心登上更大的舞台，去管更多的事，挣更多的钱。只有努力进取，他们才可能成为“发动机”。三是事业心。启发员工把公司的事业当成自己的事业来做，懂得为公司工作就是为自己打拼，激发员工的职业使命感和荣誉感，发自内心产生一种达到你那样高的工作境界的强烈愿望。

小公司的管理者应该让员工们成为公司发展的“发动机”，给他们一个舞台，充分发挥自己的能力，为公司创造更大的价值。

变“照我说的做”为“照我做的去做”

作为小公司的管理者，要扮演好带队者的角色。有人说，带队者就应有“平常时段，看出来；关键时刻，站出来；生死关头，豁出去”的素养。“平常时段，看出来”，是个人素质、潜在能力和品质的体现；“关键时刻，站出来”，是勇气、原则和实力的展现；“生死关头，豁出去”，是一种勇于奉献和敢于牺牲的精神。

很多管理者在关键时刻丧失领导力的原因是要求下属"照我说的做"，而不是"照我做的去做"！在关键时刻不能坚持原则，更没有勇气和实力站出来，也就是不敢说"看我的"！

事实上，任何一个管理者的行为，都会影响他的追随者和身边的每一个人。追随者会通过一种被称为"示范"的学习过程而受到影响。这种影响在平时是潜移默化的，也许不会被清醒地认识到，可在关键时刻却是非常强烈的。

1942年，"二战"进行得如火如荼。随着战争局势的变化，盟军与德军的战场逐渐转移到北非。盟军最优秀的将领之一巴顿将军意识到自己的部队可能无法适应北非酷热的气候。一旦移师北非，盟军士兵的战斗力就有可能随着酷热的天气而减弱。

战争不会随着人的意志而转移，摆在盟军面前的只有一条路，那就是适应。为了让部队尽早适应战场变化，巴顿建立了一个类似北非沙漠环境的训练基地，让士兵们在48度的高温下每天跑一英里，而且只给他们配备一壶水。巴顿的训练演说词就是："战争就是杀人，你们必须杀死敌人；否则他们就会杀死你们！如果你们在训练时多流一点汗水，那么战时你们就会少流一加仑的鲜血。"

虽然人人都意识到战争的残酷性，但酷热的天气还是让许多士兵暗地里抱怨不停。但巴顿从不为训练解释，他以身作则，和士兵们一样在酷热的环境中坚持训练。当士兵们看到巴顿每次都毫不犹豫地钻进闷罐头一样的坦克车中时，再多的怨言也只能变成服从。

显然，巴顿把自己当作了一个普通士兵，在这个角色上，他以完美的职业军人精神为士兵们树立了典范，起到了榜样作用。在他的带领下，整个军队的训练进行得非常顺利。正是因为有了这样的训练，在随后的北非战场上，巴顿的部队才能迅速适应沙漠环境，以较小的代价一举击败德军，取得重大胜利。

团队就是军队。管理者只有像巴顿将军一样,成为具有强大影响力的带队者,才能促进团队成长。要想建立成功的团队,就需要管理者推动团队成员共同进步。

管理者要如何做才能成为具有影响力的带队者呢?不妨用以下方法:

(1)成为遵守制度的模范。管理者不仅要成为制度的制定者,更要成为制度权威的忠实维护者。

(2)加强自我管理。善于自我管理的管理者能够独立地思考、工作,无须严密的监督。

(3)为目标的达成全力以赴。大多数人都喜欢与将感情和身心都奉献给工作的人共事。

(4)具有超强的解决实际问题的能力。轻而易举地解决掉别人无法解决的问题的人,能够获得员工们的追随。

(5)具有非权利的影响力。管理者不仅要关爱员工,还要具有人格魅力。只有具有较高的道德标准,才能获得信赖。

带队者的榜样力量是无穷的。作为公司的管理者,只有努力提升和发展自己,才能潜移默化地影响员工,成为员工学习的正面案例。

▼ 对工作投入初恋一样的热忱

"不知疲倦地工作、积极竞争、完全投入。"这句话可以说是微软狂热而又充满激情的文化氛围的最佳注脚。比尔·盖茨每周通常都会工作60～80个小时。无疑，这种狂热的工作精神本身就是一种无形的鞭策，全体员工在他的带动下也变成了工作狂。正是在这种狂热文化的鞭策下，微软的全体员工不断开拓创新，生产出适应市场需求的先进软件。

在公司刚刚创立的前几年，公司聘用了一位42岁的女秘书——米丽亚姆·卢宝，微软的工作氛围让她大吃一惊，因为公司员工都是工作狂，尤其是管理者比尔·盖茨。

在和比尔·盖茨朝夕相处的过程中，她发现自己的老板工作极为努力，每星期工作7天，从不休息。有时，他一连好几天都不离开办公室。当她早晨来上班时，常常发现他睡在办公室的地板上。比尔·盖茨一个人的时候时常忘记吃饭，所以米丽亚姆开始像一个母亲那样关心他，提醒他去吃饭，常常在中午饭的时候给他带汉堡。当他会客时，米丽亚姆看着钟表，主动来提醒他："比尔，你们快停一停，先吃午饭吧。客人们可能饿坏了，现在已经下午两点钟了。"

微软的工作氛围感染了米丽亚姆，米丽亚姆把公司的绝大部分管理工作都包下来了，同时她还要尽可能地让那些程序编制人员在最舒适的环境中工作。

比尔·盖茨曾这样说道："每天一醒来，一想到我所从事的工作和所开发的技术将会给人类生活带来的巨大影响和变化，我就会无比兴奋和激动。"比尔·盖茨的这句话阐释了他对工作狂热的激情。比尔·盖茨认为，一个能够成就事业的人，最重要的素质就是对工作的狂热激情，这种对工作的狂热态度，已经成为微软文化的核心。

比尔·盖茨在微软公司内部营造出了一种气氛，这种公司文化让大家有了长时间工作的动力。比尔·盖茨能够让微软公司的全体员工，或者称工作伙伴，在微软公司里长时间毫无怨言地工作。

有怎样的管理者就有怎样的员工，激情就是在管理者的带动下由大家一起创造的，文化其实就藏在每个细节中。因此，小公司的管理者只要对工作投入初恋般的热忱，就会形成一股自然的感染力，使其员工也怀有激情地共同创造公司的辉煌。

▌ 将宽容融入管理中

小公司能够生存并壮大的基本前提是什么？不是投资，不是有一个好的产品，而是管理者的胸怀。打理公司是一件随时可能面临失败的事情，1%的成功者是从99%的失败者身上跨过去的。尽管失败的原因各不同，但成功是有共性的：成功的管理者必然是胸怀宽广的人。古往今来，凡成大事者，无不以广阔的胸怀而取胜。

作为小公司的管理者，应该用博大的胸怀去包容员工。索尼公司的创始人盛田昭夫在这方面为我们做出了榜样。

有一次，索尼公司的某下属公司经理对盛田昭夫抱怨说："有时工作中出了差错，却找不出该负责任的员工。"盛田昭夫对这位经理说："找不出是好事。如果真的找出是哪位员工，则会影响其他员工。"

他还对这个经理说："就算找出了犯错误的人，怎么处理？如果这个人已经在公司里干了一段时间，即使你把他开除也于事无补，错误已经犯了，只能尽力去弥补，让同样的错误不再发生。如果他是一位新员工，犯错误是因为他对工作还不够熟悉，这时候你更要帮助他而不是抛弃他。你要耐心地帮他找出犯错误的原因，以免他再犯。这不但不是损失，反而是获得了教训。在我多年的领导生涯中，还真找不出因犯错误而被开除的人呢。"

盛田昭夫告诫这位经理："我们不可能要求员工不犯错误，'人非圣贤，孰能无过'，何况这些错误也不至于动摇整个公司。而如果一定要追究，员工因犯错误而被剥夺了升迁机会，他也许就会一蹶不振，从此失去工作的热情，更别说为公司做出更大的贡献了。所以，只要找出错误的原因，公之于众，无论是犯错误的人还是没犯错误的人，都会牢记在心。"

盛田昭夫曾对下属这样说过："放手去做好认为对的事，即使你犯了错误，也可以从中得到教训，不再犯同样的错误。"盛田昭夫的宽容和明智，深深地触动了这位经理。如果为了追究一个错误，又犯另一个错误，这其实是两个错误了。对于管理者来说，容许员工犯错是非常重要的，这不仅是管理者处理好与下属关系不可缺少的品质，而且对公司管理本身也有许多好处。

作为一名小公司的管理者，先要具备豁达、开放、包容的胸襟，而后事业才能有成。宽容大度是现代管理者必备的品质之一，管理中必须讲宽容。宽容地对待员工有利于激发员工的主观能动性，从而对工作加倍努力。

宽大的胸怀能够使管理者获得优秀人才的支持和长久追随。人才是公司的第一资源，是发展的根基。有了优秀人才的鼎力相助，管理者怎么会不成功？所以说，管理者的成败与否，不仅仅是由资源、机遇等各种客观因素决定的，更是由胸怀决定的。因此，任何一名小公司的管理者要想将公司做大，就必须首先在肚量上大过别人，唯有如此，管理者才能以宽容的肚量去接纳永无止境的辉煌成就。

管理尽量做到一碗水端平

待人公正，办事公平，这是一个小公司管理者必须具备的基本素质。

员工们会本能地想向管理者了解：领导是否对每个人都一视同仁，每个人是否都得到了公平对待，每个人是否都有机会表达自己的观点，每个人是否对于将发生的事都很清楚，每个人是否都处在同一起跑线上竞争，对每个人的规定是否都相同——作为领导，你必须对这一切给以肯定的答复。

小公司的管理者必须懂得这样一条规则：不公平将导致员工思想涣散，离心离德。如果你不公平，那么意味着你将某些利益与分配给某个人，而少分配给某几个人。多得利益的一方自然在既得利益上要优于少得利益者，故而其各种特权会多于或优于少得利益者，从而极易损害了员工们的共同利益而不利于公司进步。

一直以来，公平是管理者处理与下属关系的一大原则。因为下属最忌领导偏心。因为种种原因，而不能公平对待每个人的成绩，或不能公平地处理每个人的错误，这实际上起到的是一种离间的作用，孤立了被你偏袒的那一部分下属。因此会导致下属之间相互猜忌，矛盾重重。群体的凝聚力就会大大降低，这显然会给你的工作设下重重障碍。

历览古今多少事，公平之心不可缺，这不仅是处世、做人的起码道德，更是一个管理者搞好上下级关系、做好工作的一个起码的前提条件。

作为一名合格的管理者，应使你手下的员工在工作中时刻感受到公平的气息。员工们都会拥护他们认为公平的领导，都愿意与公平的领导合作，他们觉得与讲求公平的领导合作放心。一个追求并实践公平的人，大家都会尊重他、支持他。

应用公平的情形：

（1）为所有员工提供同等的工作条件。

（2）不论员工的级别、地位、职务如何，均以同一准则来要求与规范。

（3）平等地给予每个员工发展机会。

（4）公平地对员工进行奖惩，不偏颇、不偏心、不偏袒。

（5）用公平的方式解决员工之间的纠纷与争端。

（6）采取正当手段实施公平竞赛，不采取欺诈与舞弊行为。

（7）坚持按能力和业绩对所有员工进行考核，晋升做到能者上、庸者下。

管理者一定要公平、公正，管理中努力做到一碗水端平，只有以此为前提，才能得到下属的拥护。

一碗水端平总是很难做到的，但你需要保持一颗公正的心。你必须尊重公平，追求公正，并时刻运用公平的原则来对待一切。

�$\blacktriangleright$ 对员工的傲慢是一种"犯罪"

管理者对员工的要求不要无动于衷，要及时回应，无动于衷就是傲慢，而傲慢就是一种"犯罪"。

当管理者希望员工对自己说的话有所反应时，首先自己要对员工的话有所反应。例如，当别人说了一个笑话时，不管这个笑话好不好笑或者是否听过这个笑话，管理者都应该尽量很真诚地报以一笑，这才是最合适的反应。

管理者及时回应员工应做到以下三点：

1. 合乎时宜

对员工的行为做出反应要见机行事。如果员工刚刚受到挫折，管理者可以通过赞美来激励其斗志。但是如果员工取得了一些成就，已经被赞美声包围并对赞美产生抵触情绪时，再加以赞美就容易使员工骄傲，他以后就很难取得大的成就。

2. 雪中送炭

在我们的生活中，受挫折的时候实在是太多了。人们往往把最真诚的赞美给予那些功成名就的胜利者，然而这种胜利者毕竟是极少数，大多数人是平凡的普通人，可能时时遭受挫折。管理者需要面对的人，绝大多数情况下都是这类人。

因此管理者对员工的安慰很可能对于他来说是雪中送炭。管理者适时、适当地安慰员工，往往能够让员工把管理者当作知心朋友来对待。当然对于管理者来说，不要心里存在任何愧疚，只要管理者的反应是真心诚意的，这种方法就是可行的。

3. 谦虚做事

管理者在进行管理的过程中，千万不要存在任何程度上的优越感。管理者必须谦虚地做事情，即使自己取得了很大的成就，也要牢牢记住如果没有这些员工，这些成就根本无法取得，因此管理者不应该有优越于员工的表现。

用一种居高临下的姿态与员工交谈会让管理者很快地陷入不利的境地，进而失去交往的机会。管理者并不比员工优越，在整个管理过程中，管理者必须和员工形成良好的关系，这样才能将管理工作做好。

有些管理者认为自己的能力十分突出，员工的能力甚至可以忽略，于是在管理的过程中，滔滔不绝地发表意见，不断地和员工争辩甚至反驳员工的意见，等等，这些都是认为自己有优越感的表现。殊不知真正决定管理有效与否的不是管理者的优越感，而是员工的配合。优越感太强的管理者是很难得到员工的认同的。

优越感太强的人往往会变得虚伪，他们会制造出种种成绩来维护自己的优越感，以便将这种"比别人优越"的假象永远保持下去。殊不知在这种假象面前，他已经失去了员工的信任。

▶ 与你员工心心相印，同甘共苦

感情是人对客观事物好恶倾向的内在反映，人与人之间建立了良好的感情关系，便能产生亲切感。在有了亲切感的人与人之间，相互的吸引力就大，彼此的影响力就大。

作为小公司的管理者，如果平时待人和蔼可亲，平易近人，时时体贴关怀员工，和员工的关系相处十分融洽，那么他的影响力往往比较大。如果管理者与员工关系紧张，时刻都要互相提防，那么势必会造成管理者和员工之间的心理距离。这种心理距离是一种心理对抗力，超过一定限度就会产生极坏的影响。

一位私营公司的管理者要将他的决策变成员工的自觉行动，单凭职位权力显然是不够的，即使是有能力方面的吸引力，在很多时候也是力不从心的。因为员工已经不再是传统意义上的经济人，而是渴望得到关怀的社会人。因此管理者要想使员工心悦诚服，为其所用，就要保证员工在感情上能和管理者心心相印、忧乐与共、同甘共苦，以便管理者发挥感情的影响。对感情影响力的培养最为关键的因素就是要克服官僚主义的领导作风，做到从感情入手，动之以情，以取得彼此感情上的沟通。

　　人格影响力是指管理者在领导工作中，使自己的品德素质、心理素质和知识素质在员工的身上产生影响的一种力量。其中品德素质是人格影响力的基础。管理者良好的道德、品行、作风往往会对员工产生潜移默化的作用。管理者的心理素质，是人格影响力的关键。在心理素质中，管理者必须具备丰富的情感，只有对员工充满热忱并关怀备至，才能彰显自己强大的人格魅力。而知识素质是管理者人格影响力的来源，在领导工作中，知识渊博、业务素质高的管理者自然会使团队形成一股凝聚力，员工自然会信服管理者的领导。

第三章

人才管理：

善于用人，小公司一样是巨人

没有人才，一切都是空谈！一个管理者的成功不在于他自身的能力有多强，而在于他身边有没有一批精兵强将为他出谋划策、冲锋陷阵、打拼江山。

一个人闯天下的时代过去了，要想事业红红火火，重要的是有一批得力的人共同奋斗。人才是公司最大的财富，能够经营好人才的公司才是最终的赢家。小公司的管理者要树立正确的人才观，引进一切为己所用的各路"英雄豪杰"，人尽其才，才尽其用，将人才的力量发挥到极致。

▼ 人才引进要与公司职位相匹配

对于公司而言，衡量员工是否优秀的唯一标准是他是否符合公司的发展需要。"从作业要求的角度来说，匹配的就是人才。"全球知名公司雅芳在聘用人才时，最基本的做法就是为每个职位找到适用的人。理性的管理者不会被员工的光环所诱惑，而是紧紧扣住"公司发展需要"这根弦。

成熟的管理者会掌握一些成熟的方法，来确保公司在使用人才方面的"理性"。DHL便是这方面的突出代表。作为全球最有名的物流公司之一，为了选拔优秀而且适合公司文化背景的人才，DHL采用了一些先进的管理理念和人员甄选技术，其中基于胜任力的人员选拔方案是一种主要的选拔方式，力图做到人职匹配。

在人才选拔方案中，DHL首先会根据自身的公司文化和业务发展，建立起符合公司自身特点的岗位胜任力模型。胜任力指从品质和能力层面论证个体与岗位工作绩效的关系，是个体的态度、价值观和自我形象、动机和特质等潜在的深层次特征，是将某一工作（或组织、文化）中表现优秀者和表现一般者区分开来的基础。

在建立岗位胜任力模型时，DHL分成两步进行：第一步，以岗位说明书和著名咨询公司为其量身定做的职位评估系统为主要依据，参考原有胜任素质，归纳总结岗位关键胜任要素，形成岗位胜任力模型框架。第二步，通过研讨，对模型框架做有针对性的调整和修正，并细化胜任特质的典型行为；

在初步的胜任力模型基础上，形成评估要素列表，制定评估框架并选择、组合评估方法，从而建立起完整的胜任力模型。

胜任力模型确认后，DHL会根据胜任力模型评估各个岗位员工应该具备的能力，建立DHL所有岗位的胜任力标准。这个标准如同人才筛选器一样，将合适的人留下来，不合适的人漏下去。

此外，通过参考所有岗位的胜任力标准，DHL人事部门建立起员工发展评价中心，并将其用于选拔和招聘公司所需要的员工。这个员工发展评价中心广泛地运用于内部人力资源评估、人事决策等管理事务中，取得了良好的效果。员工发展评价中心的测评角度很完善，既包括能力倾向测验、职业兴趣测验，也包括动机测验、管理风格测验。同时，评价中心还为选择人才提供全流程服务，包括情景模拟招聘和各种面试方法。

最后，根据胜任力模型、胜任力标准和发展评估中心的人员评估结果，三者进行比较、搭配，力求达到人职匹配。对不能达到任职要求的人员进行调整和有针对性的培训，从而保证了组织调整的顺利完成。科学、理性的人才选拔系统保证了DHL业务的高速发展，岗位胜任力已经成为公司的核心竞争力之一。

管理者掌握一些人才测评工具绝不是否定经验的作用。相反，掌握工具是为了减少经验的失误。大家都知道晕轮效应：一个人对另一个人（或事物）的最初印象决定了他的总体看法，而看不准对方的真实品质，形成一种好的或坏的"成见"。另外，管理者还要克服急功近利的心理，不要总想着找到一位神仙手，将公司的业绩一下子提高到几倍以上。

要想找到真正适合公司发展的员工，管理者一定要做好两个准备工作：建立科学的人才选拔机制；戒除急功近利的用人浮躁心态。

▼ 寻找员工中的"潜力股"

知识经济时代，人才制胜，公司需要有潜力的员工。考核现代管理者管理水准的一项标准就是——发掘有潜力的员工、培养优秀者。发掘有潜力的员工是促进公司发展的智力资本。

潜力是什么呢？泛华保险公司认为"德才兼备、专注好学"的员工就是公司寻找的"潜力股"。在泛华的人才选拔与任用实践中，重能力更重潜力，重潜力更重人品，胜任目前岗位工作的基本能力是必需的，但只有品德优良、有潜力的员工才能得到足够的发展空间。

什么样的人是有潜力的人呢？在泛华，有潜力的人才一定是视野广阔、心态积极、专注好学的员工。如果说事业心是成长的动力，那么专注好学就是员工成长的助推剂。员工只有花精力去钻研和学习工作领域的知识，花精力去改善工作领域的绩效，才能为公司创造价值，这样公司也会把自身的发展托付给这些人。

泛华保险公司提出的"德才兼备、专注好学"，实际上指的就是人才的两个方面：品德素质和专业能力。想要成为具有潜力的人才，就要在这两方面下功夫。

刚毕业的小李本想到大公司去做机械设计，可最终进入了一家工厂做技术维护，工作很闲，价值不大，干得很郁闷。两个月后，公司因为发展的需要，从国外购进了5台工业用的大车，由小李负责技术维护。

可是不到半年，这5台车就坏了，怎么也开动不了。小李和技术组一同寻找原因，同时也联系了生产该车的外国技术专家。

外国专家前来简单地看了一下大车的情况，马上得出结论：故障是因为工厂工人操作不当引起的，生产方没有责任。

但是小李认为，工人完全是按照说明书进行规范操作的，并没有不当之处。于是，他向外国专家提出了自己的看法，但是几个外国专家坚持说是工厂工人的责任。

这让工厂的领导很为难：如果承认是工人操作不当引起的故障，那么厂家就不负责维修，5台车的维修费用要自己拿，算下来怎么也得100多万元。可是如果不承认，因为自己的技术人员不精通这方面的技术，又提不出有力的证据。

就在领导准备咬牙承担这笔巨大的损失时，小李却拦住了领导，他给领导立下"军令状"，一定给工厂拿出证据。随后，他带领几个技术工人，在车上一待就是几天，用各种检测工具从头开始，一点一点地检查线路。

就在第4天早上，小李在一组线路中发现了问题，这组线路存在的问题足可以证明，这5台车在生产设计时就存在着严重的问题。

当小李把这组数据放在外国专家面前时，趾高气扬的外国专家顿时说不出话来。最后，维修费用由生产厂家全部承担。

小李为公司立下了大功，领导马上提升他为技术总监。小李也在这份原本不被自己重视的工作中获得了成就感。

小李身上体现出了现代公司最重视的素质：专注好学。具备良好的道德素质的"学习型"人才就是公司在寻找的"潜力股"。学习能力是公司十分看重的一点，只有不断学习，才能适应不断变化的岗位要求，才能在学习中不断提升自身的能力，从而实现个人与公司的共赢。

吃的是草，挤出来的是奶，能不断为公司创造价值的人是不会被淘汰的。优秀的公司是不会招聘一个过了三五年就没有价值的员工的。

小公司的管理者要持续地寻找出有潜力的员工，从而使公司源源不断地获得优秀人才贡献出来的力量。

二流人才在公司中不可或缺

二流人才指的是一些在学历、技能、年龄、政治条件等方面相对处于劣势的人，如学历较低者；年龄大一些，45岁以上的人；手慢一点、脑子笨一些、劳动技能不如心灵手巧者的人；公司不爱要的女职员等等。二流人才并非指那些主观不努力，工作态度很差的人。

小公司的管理者应当摒弃“尽可能用最好的人员”的原则，奉行“找到那些条件稍差的人，发掘他们的能力即可”的原则。每个公司都有一些简单的熟练工作、技术含量不太高的工作、需要付出更多时间的工作，即使现代化的公司也是如此。安排条件稍差的人去干，他们会全力以赴、专心致志地工作，创造出很高的工作效率，而不会有自卑感、沮丧感，不会感到大材小用，因为他们有“自知之明”，期望值并不高。

从一定意义上讲，任何公司都离不开二流人才，全是高学历、高素质人员组成的公司人才结构，未必是最佳结构。

可能有的人会想，何必那么费事，干脆与他们解除合同，改用优秀人才多好。实际上这样效果并不好，优秀人才不一定能做好那些工作。比如，你需要一位录入员，每日向电脑录入各种数据做市场分析，把这份工作交给一位名牌大学毕业的软件工程师，要不了多长时间，他就会感到工作单调乏味，失去了工作兴趣，自然就会出差错。可如果你交给一位职业中专毕业的女孩来做，她会非常热爱这份工作的，会高兴得向同学们炫耀在铺着地毯的微机房工作是多么惬意。

有一句话说得好：这个世界上任何东西都有它的用处，只是用处大小不一罢了。同样，即使是再无能的下属，只要遇上一个会用人的领导，同样也能发挥他的长处，而这正是一个领导是优秀还是平庸的区别所在。

高精尖的一流人才不是到处都有的，每个公司都有一些条件稍差的员工，对于这样的二流人才，管理者千万不要把他们当成累赘，只要把他们放在适当的岗位，他们就是人才，就是财富。

二流人才中有很大一部分是值得特别重视的，即那些工作潜能未被充分发挥出来的人。对于这些具有工作能力，却缺乏工作意愿的下属，即所谓“深藏不露”型，管理者应设法给予其发挥潜能的机会。

对“深藏不露”型的下属，管理者可以将高难度的工作交付给他，让他享受一下“自我表现欲”被满足后的喜悦感。那些工作勤勉却机遇不佳的下属，可视为“面临瓶颈”型，可交付他们较富创意性的工作，来对其加以活用。

为“空降兵”在公司着陆开绿灯

公司好比是舞台，人才是演员。如果没有演艺超群的好演员，只有一群跑龙套的小角色，再好的舞台也是白搭。公司将员工放在首位，将员工作为事业成败的第一要素，必将发挥每个人的最大潜力。员工得以在公司的舞台上充分展现自己，人人演出成功，公司这个大舞台自然会成功。

对于引进优秀的人才，很多管理者通常存在这样的误区：他们认为在其他地方优秀、出彩的人才，到了自己的公司也会继续“优秀”。但事实却并非如此。

当确定要引进较为突出的人才时，管理者就要从以下几个方面入手，帮助“空降兵”着陆成功：

（1）安排人力资源部门充分讲解公司文化。

其中包括公司的愿景、价值观和规章制度。另外要使"空降兵"逐渐适应公司里明显的和潜在的工作流程、工作气氛。

（2）和"空降兵"讨论之前公司里成功和失败的案例，尤其是与员工个人有关的案例。

（3）明确指定"空降兵"的工作任务。

要根据他做出的成绩，慢慢给他增加任务并赋予权利，不要一开始就给他分配过多的工作。

管理者要给"空降兵"营建良好的生存环境，在提出高要求的同时，更给予高关心、高鼓励和高支持，使他们安全着陆。

▉ 聘用兼职员工，可收一箭双雕之效

英国管理大师查尔斯·汉迪在《工作与生活的未来》一书中提出，未来的组织都会是"三叶草组织"，其中的一片叶子指"灵活性的劳动力"，即那些兼职工或临时工。他甚至预言，2000年以后灵活性的劳动力将占所有劳动力人数的一半。如今，这一预言在西欧已渐渐成为现实，但大多数中国公司似乎还不习惯于大规模聘用"灵活性的劳动力"。这其中当然有多方面的原因，比如，使用兼职员工会让人觉得管理不够规范，会增加管理的难度等。但不能就此否定使用兼职员工的意义。在经济环境恶化、竞争加剧、经营成本加大的今天，公司有必要认真地考虑去任用兼职员工，以增强经营的灵活性，减少运营成本，提高公司效率。对于小公司来说，更应当考虑到这一点。

小公司任用兼职员工有显著的优点：招聘比较容易，用工灵活；人力成本较低；如果遇到全职员工在短期内无法招聘到位的情况下，兼职员工可以解燃眉之急；可以作为未来的人力储备等等。

但是，也应当看到，使用兼职员工也存在一些不利的因素。

（1）兼职员工一般稳定性差，短工意识明显，他们一般不会把主要精力放在兼职上。一旦出于其他目标或工作的需要，他们就可能放弃兼职工作。

（2）大多兼职员工获得这份工作的目的并非要在该公司有所发展，而是对公司提供的报酬感兴趣。其目的很明确，就是我付出劳动，你给我报酬。由于兼职员工的目的就是未来获得报酬，因而一旦面临更大的诱惑，或者公司面临困难，这些兼职员工往往会离开公司。

（3）工作保密性差。相对公司的全职员工，兼职员工的忠诚度不容易保证，如果将公司涉及机密性的工作交付他们，泄密的可能性大，会给公司的经营带来风险。

正因为兼职员工与公司之间存在很多不确定性因素，所以给管理带来了一定的难度。针对兼职员工的特点，小公司在管理中应该如何去做呢？

1．了解兼职员工的背景和实力

不要因为不是本公司的员工就放松背景调查。如果兼职员工是高级管理或技术人才，更要做好相应的背景调查。在聘用兼职员工之前，一定要做好相关的实力调研，别因为兼职员工的不专业、业务不熟练而耽误了公司业务的正常进展，以致付出较高的用工成本。

2．明确兼职工作内容

在邀请兼职员工来做事情的时候，一定要提前安排好相关的工作内容，不要兼职员工招聘来了，但是没有任何的工作内容，或者工作目标，这样就浪费了兼职员工的雇佣成本。

3. 坚持量化兼职工作原则

对于兼职工作人员来说，一般都是按照时间来付费，因此，必须给他们的工作内容设置量化的标准，达到了这样的标准之后，才算符合公司的兼职工作需求。

4. 加强对兼职员工业务上的指导

大部分兼职员工都没有业务上的经验，应该加强对他们的业务培训，同时在第一次将工作任务交给他们时，应该将要求明确地说清楚，让兼职员工清晰地知道他们应该做的工作程序以及工作内容、工作质量考核标准。

5. 定期检查兼职工作质量

兼职员工的工作毕竟是短期的，因此需要在此期间做好相关的工作质量的监督与评估，对于不合格的工作，要予以返工，督促兼职员工进行修改、完善，以确保工作质量。

6. 不委派重要的核心工作

这是由兼职员工的稳定性差、忠诚度低决定的。一般不宜让兼职员工参与公司重要的核心工作或机密的、不宜为外界所知的工作。

7. 将利益明确化

必须将公司应给予兼职员工的利益明确化，不宜承诺给予不明确的未来期望收入。这样兼职员工就会很明确地知道自己将会得到的收入，减少以后发生纠纷的可能性，也会大大减少兼职员工的不满情绪。

8. 制定兼职协议

虽然是兼职员工，没有必要签订正式的合同，但是关于双方的协议还是有必要签订的，这样会显得比较正规，对于兼职员工也会留下一个很好的印象，避免双方失信。

▛ 用对人才做对事，知人善任辅大业

李嘉诚认为人才对于公司非常重要，甚至比金钱还重要。他广纳贤才，而不在意出身和背景。只要有能力，他均奉为上宾。他曾高兴地对记者说："你们不要老提我，我算什么超人，这是大家同心协力的结果。"他身边有300员虎将，其中100个是外国人，200个是年富力强的香港人。

20世纪80年代中期，李嘉诚的长实（长江实业）集团的管理层基本上实现了新老交替，各部门负责人，大都是三四十岁的少壮派，其中最引人注目的要数霍建宁。

霍建宁毕业于香港名校——港大，随后赴美深造，1979年学成回港，被李嘉诚招至旗下。他擅长理财，负责长实的财务策划。他处世较为低调，认为自己不是冲锋陷阵的干将，而是专业管理人士。李嘉诚很赏识他的才学，所以长实的重大投资安排、股票发行、银行贷款、债券兑换等，都是由霍建宁亲自策划或参与决策的。传媒称他是一个"浑身充满赚钱细胞的人"。

这些项目动辄涉及数十亿资金，亏与盈都取决于最终决策。从李嘉诚对他如此器重和信任来看，可知盈多亏少。霍建宁本人的收入也很可观，他的年薪和董事基金，再加上非经常性收入如优惠股等，年收入可能在1000万港币以上。1985年，李嘉诚委任他为长实董事，两年后又提升他为董事副管理者。此时，霍建宁才35岁，如此年轻就担任香港最大集团的要职，实属罕见。

同样出色的还有一位女将洪小莲。洪小莲年龄也不算大，她全面负责楼宇销售时，还不到40岁。在长实上市之初，洪小莲就作为李嘉诚的秘书随其左右，后来又出任长实董事。她不仅人长得漂亮，而且待人热情，做事泼辣果敢。在地产界，在中环各公司，只要提起洪小莲，可谓无人不知，无人不晓，她被业界称为"洪姑娘"。长实总部虽不到200人，却是个超级商

业帝国。每年为它工作与服务的人，数以万计。资产市值在高峰期达2000多亿港币，业务往来跨越大半个地球。日常的大小事务，千头万绪，往往都要到洪小莲这里汇总。她的工作作风颇似李嘉诚，不但勤奋，还是个彻底的务实派。就连面试一名信差、会议所需的饮料、境外客户下榻的酒店房间等琐事，她都亲自过问。没有旺盛的体力、精力，没有很高的工作效率，要处理日益庞杂的事务是不可想象的。

李嘉诚不拘一格地重用年轻人，广采博纳，融合众智。他说："长江取名基于长江不择细流的道理，你只有怀着这样旷达的胸襟，才可以容纳细流。没有小的支流，又怎能成为长江？只有具有这样博大的胸襟，自己才不会那么骄傲，不会认为自己样样出众，才能承认其他人的长处，得到其他人的帮助，这便是古人说的'有容乃大'的道理。假如今日没有那么多人替我办事，我就算有三头六臂，也没有办法应付那么多的事情，所以成就事业最关键的是要有人帮助你，乐意跟你工作，这就是我的哲学。"

香港的《壹周刊》在分析李嘉诚用人的策略方面这样说道："反观一些事业上没有像李嘉诚般飞黄腾达的富豪，倘若说他们有什么缺失的话，那往往就是不晓得任用人才，以致阻碍了公司的发展。环顾香港的上市公司，虽然很多公司资产值不少，但至今始终摆脱不了家族式管理。"李嘉诚所拥有的集团，是一个股权结构复杂、业务范围广泛的庞大的集团公司，他是这一商业帝国的绝对拥有者，但集团内部，却看不到家族式集团的作风，完全按照现代公司的模式管理。

小公司的管理者要打理好公司，就必须要有得力的人才辅佐。没有人才辅佐的管理者，是做不了大事情的。而要有得力的人才辅佐，管理者就要做到像李嘉诚那样善于识人用人，知人善任。

管理者知人善任要注意以下几点：

（1）鼓励人才发展，不要怕下属超过自己。

（2）批评时对事不对人。人非圣贤，孰能无过。下属做错了事，要批评他做错的事情，却不能对他进行人身攻击。批评的目的在于指出错误，以期改进，而不是让下属丧失自信或感到人格不被尊重。

（3）承担职责，扶持正气。下属办事不力，并不一定是下属的过错，作为管理者，应首先检讨自己在领导上是否有错误，该承担哪些职责，绝不能将过错推到下属身上；否则会严重影响下属的士气。

▼ 用人佳境：人得其位，位得其人

传统的管理仅仅依照工作的制度安排人的位置，结果许多讷于言辞的员工被安排组织展销会，许多头脑里新点子迭出的员工被安排做财务……这都是不恰当的。

汉高祖刘邦说："运筹帷幄之中，决胜千里之外，我不如张子房；镇守国家，安抚人民、发饷送粮保障军队，我不如萧何；指挥百万军队，战必胜，攻必取，我不如韩信。他们三位，都是人中豪杰，因为我能任用他们，所以我能得到天下。"有的管理者认为，自己能够网罗到最优秀的人，就一定能够成就大事，其实不然。只有选用最合适的人，并且把最合适的人放到最合适的岗位上，才是最高明的用人之道，才是制胜的法宝。

许多管理者常感叹手下无人可用，其实是没有把人放在正确的位置上。管理者应当对每一位员工的才能、兴趣做到了如指掌，针对某项特定的工作选择合适的员工来做，或者为特定的员工安排适当的工作，做到"人得其位，位得其人”。

要想实现“人得其位，位得其人”的用人佳境，管理者需要做好以下工作：

1. 根据员工的特长来安排工作

《哈佛经济》调查表明，留住员工很重要的一点是确保他们的能力、特长、兴趣及性格与所从事的职业相匹配。当员工的能力、兴趣与他所从事的职位相符，工作效率会保持在一个高水平线上。

2. 把合适的人才放到合适的岗位上

应采取正确的措施和手段对人力资源进行合理配置，不要“大材小用”，也不要“小材大用”，要量才而用。

3. 实现人岗匹配，就要了解工作的特性

只有了解工作的特性，才能在人才使用上做到有的放矢。

作为小公司的管理者，在用人的时候不仅要学会伯乐识马，选合适的人才进公司效力，更要把优秀的人才放到合适的岗位上，发挥他们应有的作用。

管理者应该知人善任，让每一位员工去做合适他们的事情，这样才能充分发挥他们的潜能，实现组织人力资源的有效利用。

一个公司只有做到人尽其才，才尽其用，才能维持上下齐心、同舟共济、兴旺发达的局面。

把合适的人放在合适的地方

杰克·韦尔奇是20世纪最伟大的CEO之一，他是美国通用电气公司的总裁，被称为"经理人中的骄傲""经理人中的榜样"。在一次全球500强经理人大会上，杰克·韦尔奇与同行进行了一次精彩的对话。其中一个人问他："杰克·韦尔奇先生，请您用一句话说出通用公司成功的最重要的原因。"杰克·韦尔奇想了想后回答说："是用人的成功。"又有人问他："您能否用一句话来概括自己的领导艺术呢？"杰克·韦尔奇笑了笑，说："让合适的人做合适的工作。"

在这个世界上，每个人的能力和每个地方的需要都是不同的。不同的工作需要不同能力的人，而不同的工作环境也可以培养不同能力的人。

1993年，土耳其人民敬爱的总统去世了。土耳其政府要求给总统修建一个能够供成千上万的后人瞻仰的永久性墓地，而且要求必须在几天之内建造完成。从以往的经验来看，完成这个任务的难度很大。

受命组成的项目组把工作进行了分解，总体分为准备原材料、勘定地点、挖掘地基、排水系统、浇筑混凝土、安装照明设备、安装花坛、安装大理石装饰、卫生清扫工作等27项活动。对各项活动的并行工作或者串行工作的先后顺序及工期也进行了详细安排，一切严格按照项目进度进行。40名建筑工人和20名工程师昼夜不眠地奋战，最终在78.5个小时的时间里修建了一个既符合宗教信仰，又具有高质量的15000平方米的墓地！

由上面这个例子我们可以看出，公司管理的精髓就是分解工作，分配各种资源，把工作指派给最为合适的人。这就是为什么土耳其的项目小组能够战胜困难、创造奇迹。

如果没有把任务分配给合适的人，那么任务不仅不能高质量完成，甚至会使执行这个任务的员工产生挫败感。

一个证券公司的经理曾经非常困惑，很多工作十分努力的员工，在接受他委派的任务后却不能圆满完成，这使他百思不得其解。最终，一个离职员工的话使他茅塞顿开。原来这个员工对他说："经理，我很喜欢咱们公司的工作环境和工作氛围，但是我发现这里的工作并不适合我。开始您让我去跑销售，别人很轻松就完成的任务，我很多天都无从下手。那个时候我非常不开心，觉得自己很笨，甚至非常灰心。

后来一次偶然的机会，我进行了职业测评。测评的结果让我很惊讶，原来我不是比别人笨，也不是我不愿意干好，而是我在做一个不适合自己的工作。我以前一直在证券、期货、市场里面辗转，但是越干越不顺心。

经过职业测评我发现，我是一个内向气质的人，与人沟通的能力和意愿较弱，回避失败的倾向非常高。而冒险和争取成功的倾向非常低。但是我处理细节的能力非常强。因此专家建议我应该去做财务、库管之类，细心、可操作性强的工作。所以我决定重新调整自己的人生。"

听完这个员工的话以后，经理恍然大悟。他意识到："与这个员工选择职业一样，分配工作也是同样的道理。在分配给员工任务之前，我有必要对每个员工都有一个全面的了解。我需要了解员工属于哪一种特质，适合做哪一类型的工作。性格活泼的人，适合有挑战性的工作；性格内向的人，适合稳定的工作；还有的人擅长与人打交道；有的则适合与物打交道。造物者给了人类千千万万种性格，其中也含有一定的共性。按照这种共性分类分析，就能把工作分配给最适合的人了。"

这个经理的顿悟值得所有管理者学习，把任务分配给员工的时候，一定要考虑员工个人的意愿、兴趣和特长。只有把合适的任务分配给合适的人，才可能有最为完美的结果。

作为小公司的管理者，把任务分配给最合适的人是最重要的。用最简洁的话来讲这个观点，就是指管理者向员工分配一项特定的任务或项目，这个项目要从员工的兴趣、特长出发，才能保证员工能够顺利完成该任务。

▌ 任用强人，让自己变得更强

美国奥格威·马瑟公司前总裁奥格威指出：如果管理者永远都只启用比自己水平低的人，那他的公司将一步步逐渐沦为侏儒公司；如果管理者有胆量和气度任用比自己更强的人，那他的公司就能成为巨人公司。这被管理学界人士称为奥格威法则。

一个好的管理者，要有专业的管理知识，要有良好的文化素养，但更要有广阔的胸襟和用人的智慧。敢于用比自己能力强的人，才能让自己的团队越来越强，事业越做越大。

"T型车"的首创成就了亨利·福特，也成就了一个伟大的企业家。在重振福特公司的过程中，正是因为亨利·福特善于用人，任用强人，才使"T型车"一炮而红。

佩尔蒂埃是一名广告设计师，他深谙产品营销之道，雄心勃勃地希望有所建树，福特便让他全权负责T型车的营销策划，经过一系列方案的推敲与尝试，取得了非常好的营销战绩。

库兹恩斯负责福特汽车的推销工作，他在汽车经营方面有着很强的实战经验，但是库兹恩斯虚荣、自私、性格暴躁，导致他一直没有得到重用。但是，福特对他委以重任。结果，库兹恩斯独创了一种推销方式，成功地在各地陆续建立了经销点。

德国人埃姆技艺精湛、善于调兵遣将，然而却长期没有得到赏识而"怀才不遇"。福特发现了他的能力和抱负后，对他委以重任，甚至对他充分放权，让他自己决定用人策略，从而使很多的能人聚集到了埃姆身边，在公司各个领域做出了卓绝的贡献。

依靠这些精兵强将的努力，福特公司全面革新。1925年，公司破记录达到了每10秒钟生产一辆汽车的产能，竞争优势让同时代的汽车公司望尘莫及。

作为小公司的管理者，能否干一番大的事业，不在于你自身的能力有多强，而在于你能否吸引和接受比自己强的人。

所谓奥格威法则，其核心讲的就是要知人善用。知人善用有两层意思：一是要知道这个人的专长，然后把他放在合适的位置让他发光放亮，尽显专长；另一层意思是知道某人的某些能力比自己强，敢于让他担当重任，信任他，不妒才。

也就是说，作为一名小公司的管理者，最要紧的不是具备什么"十八般武艺"，什么都能做，而是识人的眼光和用人的胸怀！要善于选择人才、任用人才来补齐自己的短处，形成一个团体。即便一个才智出众的人，也无法胜任所有的事情，所以唯有知人善任的管理者，才可完成超过自己能力的伟大事业。在当今这个知识经济的时代，小公司的管理者更需要敢于和善于使用比自己强的人。只有这样，事业才会蒸蒸日上。

▼ 给每个员工一片驰骋的舞台

对于能力、个性等不同的员工，管理者要区别对待地加以任用，以充分发挥他们的优势，给每一位员工一片驰骋的舞台。

1. 表现比较好的员工

一是用他的长处，使他用自己的成绩展示自我；二是用人才互补结构弥补他的短处，保证他的长处得以发挥。

2. 表现一般的员工

给其在他人面前表现自己的机会，求得别人的信任和自己的心理平衡。也要注意鼓励他用自己的行动证明自己的能力。

3. 表现较差的员工

可以给他略超过自己能力的任务，使他得到成功体验，建立起"可以不比人差"的信心，同时注意肯定他的优点，让他逐渐发挥自己的长处。

4. 有能力、有经验、有头脑的员工

可以采取以目标管理为主的方式。在目标、任务一定情况下，尽量让他自己选择措施、方法和手段，自己控制自己的行为。还可适当扩大他的自主权，给他们回旋的余地和发展的空间。

5. 能力较弱、经验较少、点子不多的员工

可以采取以过程管理为主的方式。用规程、制度、纪律等控制他的行为过程；可用传帮带的方式，使他逐渐积累经验、提高能力。

6. 有能力的年轻员工

可以给他开拓性的、进取性的、有一定难度的工作。

7. 有经验的中老年员工

可以让他做稳定性的、改进性的、完善性的工作。

8. 个性突出，缺点、弱点明显的员工

一是用其长。长处显示出来了，弱点便容易得到克服。二是做好思想和情感沟通的工作。一年里谈几次话，肯定成绩、指出问题、沟通感情，使他感到领导的关心和理解，自己也会兢兢业业。三是放开一点，采取忍的办法。不要老是盯住人家，而要给人家留有一定的余地，帮助也只是在大事上、在关键性的问题上。否则，被束缚住了手脚就很难有所作为。

9. 有特殊才能的员工

一定要尽可能给他最好的条件和待遇。特殊人才特殊待遇，这是应该遵

守的原则。有特殊才能的员工可能并不安分，可能有这样或那样的毛病和问题，以至于很不好管理。对此种情况，管理不只是要容忍，而且应该做好周围人们的工作，以便于他能够集中精力发挥长处和优势。在特殊的情况下，还应该放宽对他的纪律约束和制度管理，甚至采取明里掩盖、暗中支持的办法。

10. 有很强能力的员工

可采取多调几个岗位的办法，既能够让他发挥多方面的、更大的作用，又可以调动他乐于贡献、多出成绩的积极性。

11. 道德上有缺陷但有一定能力的员工

可采取这样几种办法：一是任命其为副职，以正职制约他；二是派给他副手，告诉他副手可以协助他的工作，但副手也需要他的帮助和指导；三是派给他能够监督、约束他的工作人员，如会计、审计人员，在职能权利上约束他；四是满腔热情地分配给他素质好的直接下级人员，以此做防御层。应该注意的是，不要用同级人员来制约他，这样很容易闹矛盾。

聪明的管理者要有针对性地使用人才，这样才能人尽其才，为我所用。

▚ 建立后备军，注重人才梯队建设

小公司不注重人才梯队建设，就会陷入"临事"用人的境地。临事用人有很多隐患，比如因为急招而不注重人才质量；人才资源储备不足，因为招聘不到合适的人才致使延误发展良机；空降兵的忠诚度不高等。为了避免公司出现以上问题，要做到以下几点：

1. 及早挖掘人才

管理者不能短视，在工作过程中，要坚持长期培养人才，要不断挖掘人才、重视人才。

2. 及时储备人才

为了不使公司的人才资源出现断层，要专门为公司储备骨干人才、管理人才，构建有层次的人才团队，使公司更有序、高效和健康地发展。

3. 加强人才梯队建设

人才梯队建设不需要考虑到每个职位，但一定要考虑到那些重要职位。加强人才梯队建设是公司人才战略的一个组成部分，每个公司都需要针对一些重要职位采取有计划的继任方案，这一计划至少每年都需要重新审视，如果有特殊情况，还应提高审视的频率。

4. 要留出足够的时间培养接班人

更多的时间可以使这一计划进行得更顺利、更有效。不要期望他们瞬间就成为"职业达人"。

只有加强人才的梯队建设，才能保持公司人才的活力和连续性。加强人才梯队建设，要在重要职位需要填补之前，就开始进行培训或轮岗以获取更多的经验和知识。不要等有了空缺后才临时抱佛脚，慌慌张张地找人接替。

第四章

权力管理：

是猴子给座山，是龙给条江

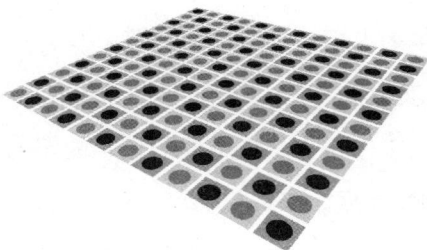

许多小公司的管理者对员工不放心，从始至终都不敢放开下属的手，每个环节、每道关都要自己过问，大事小事一把抓。最终自己忙得团团转，公司却在生存的边缘上苦苦挣扎。

小公司在创业之初，管理者要身先士卒，事必躬亲。但随着公司发展步入正轨后，管理者的管理方式就要从"事必躬亲"变身为"垂拱而治"。学会授权，不仅可以极大地减轻工作压力，更可以提升员工的工作效率，激发团队的创造力。

▼ 不懂授权，管理就累到倒

美国管理学家史蒂文·希朗说："一个成功的领导应该懂得，一个人权力的应用在于让他们（员工）拥有权力。"一个人的能力和精力总是有限的，如果管理者事必躬亲，权无大小全都由自己一人掌握，要把所有的事都照顾过来，都办好，那是不可能的。

现代经济条件更要求公司管理者放权任人。

劳勃·盖尔文于1964年继承父业，担任蒙多罗娜公司的董事长。他掌管公司以后，将权力与责任分散，以维持员工的进取心。盖尔文说："我们现在要做的，正是要把整个公司分成很多独立作战的团队，因为只有这样，才能使大部分人都分享到盖尔文家族拥有的权力和责任。"他还说："通常，我们计划的原则仍然是尽量创造机会，让比较多的人参与管理工作，分享权力与责任。"事实证明，盖尔文的放权策略是成功的。正是由于盖尔文实施了放权政策，大大激发了公司员工的进取心和责任心，使得每个员工能够充分发挥自己的才干，蒙多罗娜公司从而竞争力大增，业务突飞猛进，1967年收入增加到15亿美元，1977年又增加到20亿美元。

放权任人，不仅能够减轻管理者自己的工作压力，更重要的是，能够增强员工的责任感和积极性，极大地促进公司的发展。

一方面，授权是实现总体领导目标的需要。任何管理目标都是若干较低层次目标的总称。所以要搞好管理，实现目标，最好的方法是把较大的领导目标，分成若干较小的目标，再由专人负责不同的目标，这样既可以不让精力分散，也可以让多级领导齐心合力为实现总体目标而努力。

另一方面，授权可以发挥下属在领导工作中的积极性、主动性和创造性，可以使管理者的智慧和能力得以延伸和放大。让组织中的局面由管理者一个人忙得不可开交，而部下不知该做什么，一个个无所事事，变成整个组织的员工都忙起来，而且忙得有意义。

同时，授权有助于使下属在实际工作中得到锻炼，提高其工作能力，有助于其全面发展。如果所有的下属都得到了这样的锻炼和提高，那整个组织中员工的整体素质水平就可以相应地有所提高。

最后，授权可以使管理者从一般的事务性的工作中解脱出来，集中精力抓一些大事。领导的职责应当是考虑组织的发展大计，制定整体性的、宏观的目标和计划，而不应当纠结在一些小事上。

通常而言，小公司的发展过程中15人是个坎儿，50人是个坎儿，200人又是个坎儿，管理方法不改进，一般无法进一步发展。一个管理者事事亲力亲为的公司，其规模很难超过15人。

管理者要想让自己的管理才能得到发挥，要想让自己有足够的精力做更多的事，要想维护团队的良效运转，就必须在抓住主要权力的同时，合理地向下属授权，这是搞好工作、提高管理工作效率的一条重要原则。

▌ 管理不能一竿子插到底

真正的管理者，不一定自己能力有多强，只要懂信任，懂放权，善用人，就能团结比自己更强的力量，从而提升公司的竞争力。相反许多能力非常强的管理者却认为什么人都不如自己，事必躬亲，事事都要自己亲自过问，结果员工的行动受到限制，才能就不能充分发挥出来，管理者累得精疲力竭，团队的效率却不明显，公司效益走下坡路，陷入生存危机。

现代管理理论认为，管理者必须干领导工作，不要干预或包办下属的事情。倘若管理者事必躬亲，一方面丢掉了自己应该做的更重要的事情，另一方面则挫伤了下属的积极性，使他们变得没有主见、不负责任，也无法提高能力。当然，管理者有时应该干些具体的工作，因为这有助于加深与下属的感情，并从中汲取智慧和营养。但必须明确：这绝不是管理者的"正业"。"大事小事亲手干，整天忙得团团转"的管理者，肯定不是一位称职的管理者，只是一位劳动模范。管理者的"正业"是运筹帷幄，他应该专门干下属干不了的事情或突发的、非常规的事情。下属应该做的事情由下属自己干，使之有职有权，增强他们的责任感，并在工作中逐步减少差错和提高工作效率。

管理者最大的本事是发动员工做事。管理者要管头管脚指的是人和资源，而不是从头管到脚。

在竞争日益激烈的市场中，压力总是来自方方面面，而作为一个公司的管理者经常会感到"累"，这多是因为事必躬亲，唯恐公司出现这样或那样的问题而终日处心积虑。越是这样，公司往往越是到处冒烟。不是这儿有事，就是那儿出了麻烦。不亲自处理又不放心，结果，奔波劳累之极而收效甚微。司马光在《资治通鉴》开头就说："夫以四海之广，兆民之众，受制于一人，虽有绝伦之力，高世之智，莫不奔走而服役者……"这样，就需要科学的管理和管理的艺术了。管理者要懂得放权，让员工放开手脚去做事，要有所为，有所不为。

1. 要分级管理，不要越级插手问事

管理一竿子插到底，那是"出力不讨好"的事。管理者对下属要在明确责任和奖罚的基础上，让他们有职有权。即使碰到问题，只要不是事关公司大局的问题，也要尽量让下属自己去处理和解决。这样，管理者不仅能从沉重的管理负担中解放出来，而且能够充分地调动下属人员的积极性、创造性、主观能动性，使他们对公司有高度责任感，管理者还可以有更多的时间研究公司的发展方向或重大决策。

2. 多想、多看，少说、少干

这是高明管理者必须掌握的原则。千万不要大事小事都亲力亲为。你只有站在一旁观看，才能真正做到旁观者清，避免当局者迷；才能更公正、更有效地判断是非曲直；才能真正看清哪些事情是公司应该坚持的，哪些事情是需要改进的。即使你比你的下属干得还要好，也不要事事都亲自去干，必要时给他们示范一下即可。

3. 大事聪明，小事糊涂

作为一个公司的管理者，首先要分清什么是公司的大事，什么是公司内无关紧要的小事。凡是关系到公司发展和生死存亡的大事，一定要慎重对待，绝不可等闲视之。而大事往往不是每天都发生的。对于那些鸡毛蒜皮的小事，要让下属按照分工自己去解决，不要陷于烦琐的事务之中不能自拔，被那些管不了也管不好的小事搅得晕头转向而影响了大的决策。同时，管理者也要敏锐地观察和分析一些小事的起因和影响，不要因小失大。但是，一般情况下，不必亲自去处理。

古人云：宁静致远，虚怀若谷。小公司的管理者只有摆脱烦琐的事务，才能站得高，看得远，才能从更高的角度正确地权衡公司经营管理上的利弊得失，才能更好地考虑公司的发展大计和重大决策。当然了，要轻松而又高效地管理公司，实现某种程度上的"无为而治"也需要有一定的条件或基础。公司领导要有一定的理论知识和实践经验，要十分熟悉所管公司的人和事。还要有一定的度量或胸怀。这样，才能熟中生巧、艺高人胆大，从而实现轻松管理。

▶ 放权，让下属施展自己的拳脚

把工作交给部下的最大好处在于：节约了管理者的时间。管理者将任务交给员工去处理时，他就会有更多的时间去处理别的事情。

井深大是索尼公司的一名功臣，说他是一名功臣，不是因为他一个人可以撑起索尼的一片天，而是说他将个人知识和集体的智慧结合起来，发挥团队优势为公司创造了巨大的财富。在井深大初入索尼公司时，索尼还是一个小公司，总共才有20多名员工。老板盛田昭夫信心百倍地对他说："你是一名难得的电子技术专家，你是我们的领袖，好钢用在刀刃上，我把你安排在最重要的岗位上。由你来全权负责新产品的研发，而且对于你的任何工作我都不会干涉。我只希望你能发挥带头作用，充分地调动全体人员的积极性。你成功了，公司就成功了！"

这让井深大感受到了巨大的压力。尽管深井大刚对自己的能力充满信心，但是还是有些犹豫地说："我还很不成熟，所以虽然我很愿意担此重任，但实在怕有负重托呀！"盛田昭夫对他很有信心，他坚定地说："每个人对新的领域都是陌生的，关键在于你要和大家联起手来，这才是你的优势所在！众人的智慧合起来，还能有什么困难不能战胜呢？"

盛田昭夫的一席话，一下子点醒了井深大。他兴奋地说："对呀，我怎么光想自己？不是还有20多名富有经验的员工嘛！为什么不虚心向他们求教，和他们一起奋斗呢？"于是，井深大信心满满地投入工作当中。就像是盛田昭夫放权给他一样，他把各个事务的处置权下放给各个部门。比如，他让市场部全权负责产品调研工作。市场部的同事告诉井深大："磁带录音机之所以不好销售，一是太笨重，每台大约45公斤；二是价钱太贵，每台售价16万日元，一般人很难接受。"他们对井深大的建议是：公司应该研发出质量较轻、价格低廉的录音机。

与此同时，井深大让信息部全权负责竞争对手的产品信息调研。信息部的人告诉他："目前美国已采用晶体管生产技术，不但大大降低了成本，而且非常轻便，我们建议您在这方面下功夫。"在研制产品的过程当中，井深大和生产第一线的工人团结协作，终于合伙攻克了一道道难关，于1954年试制成功了日本最早的晶体管收音机，并成功地推向市场。索尼公司凭借这个产品，傲视群雄，进入了一个引爆公司发展速度的新纪元。

井深大取得了伟大的成就，成了索尼公司历史上无可替代的优秀人物。在这个事例中，我们应该注意到最为重要的两个环节：盛田昭夫放权给井深大，井深大放权给其他部门。在充分授权下，索尼公司发挥出了团队的整体作用，调动了每一位员工的积极性，把团队的力量发挥到了极致，从而取得巨大成功。

对于管理者而言，把工作交给下属，这是一件非常重要的事情。只有把工作任务交给下属去完成，才能提高下属工作技能，从而给自己留出更多的时间做管理工作，使自己成为一名卓越的管理者。

▌ 将权力放心地交给下属

在工作中，有的小公司的管理者为了管理好员工，让他们按照自己的意图去做事，对员工的一举一动都横加干涉，企图让员工完完全全地按照自己的想法去工作，殊不知这样会严重影响员工的主观性和创造性，即使能够完成任务，也大大压抑了员工的创新意识，束缚住了员工的手脚，最后造成员工的工作压力加大或人才的流失。

管理者应当勇于放权，放手让员工自己去做事。美国通用电气公司总裁杰克·韦尔奇把授权认为是管理必需的。杰克·韦尔奇曾说："我的工作只是向最优秀的人才提供最合适的机遇，最有效的资源配置而已。交流思想、分配资源，然后让他们放手去干——这就是我的工作实质。"

杰克·韦尔奇的授权之道是——你必须松手放开他们。他认为，掐着员工的脖子，是无法将工作热情和自信注入他们心中的。你必须松手放开他们，给他们赢得胜利的机会，让他们从自己所扮演的角色中获得自信。当一个员工知道自己想要什么的时候，没有任何人能够挡住他前进的道路。

信任你的员工，公司的业绩才会蒸蒸日上！这也是管理者的一种高情商智慧，即敢于信任你的部属，真正做到"疑人不用，用人不疑"。如果你想你的下属能拼尽全力地去完成你交代的任务，那么就请把你的猜疑之心收起来。

古语云："女为悦己者容，士为知己者死。"一个员工一旦被委以重任，必定会产生责任感，为了让领导相信自己的才干和能力去努力达成目标。

美国达纳公司的管理者麦斐逊曾经一针见血地指出："高级管理者的效率只是一个根本的标志，其效率的高低，直接与基层员工有关。基层员工本身就有讲求效率的愿望，领导要放手让员工去做。"管理者放手让员工去做，就是充分信任自己的员工。管理者的授权可以营造出一种信任，让公司的组织结构扁平化，更能促进公司全系统范围内有效的沟通。权力的下放可以使员工相信，他们正处在公司的中心而不是外围，他们会觉得自己在为公司的成功做出贡献，积极性会空前地高涨。得到授权的员工知道，他们所做的一切都是有意义、有价值的。

作为一名管理者，只要能掌握方向，提出基本方针即可。至于细节问题，则应该让员工放手去干。这样不仅可以充分发挥员工的潜能，而且可以使员工感到管理者对他的信任，从而达到更加显著的效果，使他们为公司做出更大的贡献。

其实，不管你从事什么行业，想要成功，管理者都必须创造出一种使员工能有效工作的环境。作为一名管理者，要正确地利用员工的力量，充分地相信自己的员工，给予他们充分的创造性条件，让员工感觉到领导对他的信任。

这样能有效激发员工的潜能，使他们表现出决断力，勇于承担责任并在一种积极向上的氛围中工作。在这样愉悦、上进的氛围中，员工不需要通过层层的审批就可以采取行动，参与的主动性就增强了，公司的目标会更快地实现。聪明的老板一定要学会充分授权——既然将权力下放给了员工，就要对员工充分信任，让员工在其职权范围之内，拥有足够的自主权，这样才能充分发挥其主观能动性。

一旦选择了合适的人，就要相信他，这样他才能发挥更多的能动性，充分施展自己的才华。

▼ 为自己选一个好主管

主管是公司某一方面的管理专家，相对员工来说，他是直接的管理者；相对上司来说，他又是下属和助手。

现实中，管理者常常遇到这样的情况：一开始到处说找到了自己满意的主管，可是经过一段时间的工作后，就埋怨说上当受骗。这是为何呢？主管要成为管理者得力的助手，首先，必须与经理在性格上相投。主管要能够理解经理的感情变化，不要有过多的被人使唤或命令的怨气；更不能认为自己在一人之下，万人之上，在下属面前显示自己的不可一世，在单位内部搞宗派，不把经理放在眼里，甚至架空经理。不可否认，主管要有一定的权利，但不能超越你的权利而去行使那些只有上司才能行使的权利。更不能因为手中有权就可以不与经理商量，不进行汇报和协调。其次，要有辅佐经理开拓最得意的经营领域的能力。作为经理的助手，要能够弥补经理的短处，有时候还要代理经理处理某方面的重大问题。所以在选用主管的时候，最好选择能发挥经理长处的人。

在很多时候，主管所面对的是员工。对员工进行提拔时，刻板效应常常导致管理者对员工产生认知误差或偏见。比如，认为北方人豪爽，南方人精明；年龄大者保守，年轻人思维较开放；女性员工常常不堪重任，男性员工则具有较高的责任心等。刻板效应对社会人群进行简单化分类，认知建立在泛化概括的基础上，摒除了例外性，导致认知常常与事实不符，甚至有时完全错误。

若是如此，不仅浪费了单位的一批人才，还会使一些有真才实学但与主管性格不合的人置于不被重用的尴尬境地。除此之外，以下几种类型的主管不能选用：

1. 不选"复印本型"的人做主管

这类人没有自己的工作原则，一切"唯老板马首是瞻"。他既没有自己的主见，又没有自己的风格。若是没有现成的模型，他就什么都做不成。这种人往往不会有创造性的表现，对新事物、新观点接受得很慢。而且，这种人缺乏远见，也没有多少潜力可挖，他的发展水平受到局限，他一生中难以超越这个局限。公司的发展在这类人的操作下，难以出现突破性的进展。

2. 不选"蜜蜂型"人做主管

这种类型的主管，工作特别卖力，上班可以说是"早出晚归"。他们不知疲倦，如同蜜蜂一样，忙忙碌碌。这种人的工作态度和工作热情，本无可非议，问题是，选这种人做主管会产生许多负面的效果。这种人做事不分先后、不分主次，只知道见工作就做，不知怎样做更为合理、更科学。因此常常是该办的事情没办，不那么紧迫的事情却优先办好了。另外，这类主管还有一个特别致命的弱点，就是他们把勤奋和效率相提并论。

选用这类人做主管，公司会处于严重的无政府状态，甚至会使你辛苦建立起来的基业毁于一旦。

3. 不选吹牛拍马者做主管

这种人说的是一套，做的又是另外一套，表面上唯命是从，实际上暗藏心机。"笑里藏刀"是对这种人最生动的概括。吹牛拍马风盛行下去，势必弄得真假难辨、是非不分；坏人吃香、好人受气；正气不能发扬、邪气泛滥成灾，工作难以开展，员工的积极性受到压抑。显然，除非老板是一位典型的"昏君"，否则，是无论如何都不能选这种人为主管的。

4. 不选告密型的人做主管

告密者就是在公司内部做小动作，打"小报告"，以向上司告密来博得信任和赏识。所以他们喜欢四处刺探员工或同事之间的秘密，连一句闲言碎语都不放过。时间一长，会引起员工的不满，他们的所作所为对整个公司所必需的团结协作精神也是一个严重的打击。

对于主管这种特殊的角色，管理者在聘用他们时，必须进行综合考虑和慎重的权衡。

◤ 是猴子给座山折腾，是龙给条江扑腾

做一个轻松的管理者，这是北生药业董事局主席何玉良追求的目标。

1998年，何玉良做了一个重大决策：全面整合业务，出售非主业资产，进军生物制药行业。这一决策在行业内外顿时掀起轩然大波。行外人认为，如此折腾如日中天的事业，放着手边的钱不赚，拿着金饭碗去讨别人的饭真让人想不明白；行内人还认为，公司转行虽然正常，但从建筑房地产行业突然转向制药行业确实有点离谱，毕竟隔行如隔山，做公司不是秀才上战场。

即使是这样，在北海拼搏五年完成了两亿元资本积累的何玉良还是坚持自己的决策，今天的北生药业在中国医药界的快速成长，已经可以表明当时的选择没有错。

经过多次磨炼和思考，何玉良发现最好的管理工具就在身边。作为本土公司，在管理上也应当注重本土文化的导入。中华民族几千年的文化底蕴是劳动人民智慧的结晶，这足以证明我们的思想和西方人一样先进，没有必要克隆西方的管理模式。何玉良说："员工从内心最愿意接受的管理就是最适合本土公司的管理。"

何玉良要求全体员工不能生搬硬套书本上的模式和观点，理论与实践

需要有机结合，很多经验和教训是从实践中得来的，只有自己亲手操作，才能深刻体会和感悟到书本上的知识，达到学以致用的目的，只知道纸上谈兵是不符合公司实际的。因此，何玉良主张"习大于学"，并通过"逐步加压""提供平台"和"老人引路"等方式加以落实。

大胆放权，重用人才，不唯学历，不讲资历，不论出身，能为公司做贡献就能得到重用，北生药业采取因人设岗和因事设岗相结合的方法，只要是人才就会有安排。

何玉良勇于放权，要求每一位员工参与工作目标计划的修订，并说明自己所担负的工作任务和指标，要求员工在工作中自我管理、自我约束、自觉行动。何玉良在管理上坚决反对研究人、琢磨人的"思维怪圈"，力求让管理行为变成"阳光操作"。同时，积极寻求建设扁平化组织机构和团队式的管理模式，由严格和完备的规章制度转向以共同愿景来凝聚公司的向心力。管理也逐步由监管型转向授权型，集权与分权则按"集权有道、分权有序、授权有章、用权有度"的法则进行。

作为私营公司，特别是私营小公司，公司与员工是雇佣关系的观点比较普遍，要扭转这种观点，双方都需要有一个磨合的过程，关键是公司管理者能否以真诚的态度并拿出实际的行动，给员工自主成长的机会、自我发展的空间，这不仅是对员工劳动、能力的肯定，更是对员工的尊重。

在用人观上，是猴子就给座山折腾折腾，是条龙就给条大江扑腾扑腾。就像何玉良说的，没有人天生就是出色的营销人、广告人、管理者，更没有人能随随便便就成为一名合格的北生人。一个出色的管理者应该有一个科学的人才观，能够大胆地给员工发展的机会，因为员工发展的同时公司也会得到更大的发展。

▶ 精准授权：授权有术，管理有道

授权要讲究一定的技术，不能随随便便、没有方向和计划地盲目授权，否则就会出现授权不当或授权失误的情况，事与愿违。有技术有策略地授权，才能产生应有的效果。可以说，授权也是个技术活。

以下介绍几种有效的授权技巧，小公司的管理者可以结合自己的管理工作加以借鉴，灵活运用。

1. 目标授权术

这是管理者根据下属所要达到的目标而授予下属权力的一种方法。授权的目的，是通过授权激励下级去实现公司的目标。任何公司都有自己的发展目标，这些目标的实现绝不是管理者个人所能完成的。管理者只有将公司的总目标进行必要的分解，由公司内部的各个管理层次及部门的所属成员，各分担一部分，并相应地赋予他们一定的责任和权力，才能使下属齐心协力，共同奋斗，努力实现公司的总目标。管理者如果按照公司目标进行授权，那就可以避免授权的盲目性和授权失当的现象发生。

2. 充分授权术

管理者在充分授权时，应允许下级决定行动的方案，并将完成任务所必需的人、财、物等权力完全交给下属，并且准许他们自己创造条件，克服困难，完成任务。充分授权能极大地发挥下属的积极性、主动性和创造性，并且能减轻管理者不必要的工作负担。因此，凡能充分授权的管理者应尽量采用这种方法。

这种授权法，既适用于工作重要性比较低，而且工作完成与否不会导致全盘工作失败的公司，也适用于系统管理水平较高，各子系统协调配合等诸种情况较好的公司。

3. 不充分授权术

凡是在具体工作不符合充分授权的条件下，管理者应采用不充分授权的方法。在实行不充分授权时，管理者应当要求下属就重要性程度较高的工作，在进行深入细致的调查研究的基础上，提出解决问题的全部可行的方案，或提出一整套完整的行动计划，经过上级领导的选择审核后，批准执行这种方案，并将执行中的部分权力授予下属。

采用不充分授权时，管理者和下属双方应当在方案执行之前，就有关事项达成明确的规定，以此统一认识，保证授权的有效性。

4. 弹性授权术

管理者面对复杂的工作任务或对下属的能力、水平无充分把握，或环境条件多变时，宜采用弹性授权法。在运用这种方法时，管理者要掌握授权的范围和时间，并依据实际需要对授给下属的权力予以变动。例如，实行单项授权，即把解决某一特定问题的权力授予某人，随着问题的解决，权力即予以收回。或者实行定时授权，即在一定时期内将权力授给某人，到期后，权力即刻收回。

为避免引起下级误解，在实行弹性授权，改变授权方式时，管理者应当对下属做出合理的解释，以取得下级的理解。

5. 制约授权术

管理者管理幅度大，任务繁重，无足够的精力实施充分授权，即可采用制约授权的方法。制约授权是在领导授权之后，下属个人之间或组织之间的相互制约的一种授权方式。它是管理者将某项任务的职权，分解成两个或若干部分并分别授权，使它们之间产生相互制约、互相钳制的作用，以有效地防止工作中出现疏漏。

6. 逐渐授权术

管理者要做到适当授权，就要在授权前对下级进行严格考核，全面了解下级成员的德才情况。但是当管理者对下属的能力、特点等不完全了解，或者对完成某项工作所需的权力无先例可参考时，就应采取见机行事、逐步授权的方法。例如，先用"助理""代理"职务等非授权形式，试用一段时间，以便对下属继续深入考察。当下属适合授权的条件时，管理者才授予其必要的权力。这种稳妥的授权方法，并非要权责脱节，而最终是要使两者相吻合。

7. 引导授权术

管理者在给下属授权时，不仅要充分肯定下属行使权力的优点或长处，以充分激发其积极性，而且也要指出他的缺点或问题，希望他在工作中克服和避免。同时还要进行适当的引导，防止偏离领导工作目标，但这不是横加干涉，而是支持下级工作，帮助解决问题。特别是在下属发生工作失误时，管理者更应当善于引导，帮助纠正失误，绝不能施加压力，或恶意苛求。当然，管理者发现下属确实不能履行权力时，要采取果断措施，或收回权力，或派人接管，以免遭受更大的损失。

▍ 高效授权的六大原则

授权要符合管理活动的规律，要有利于实行有效的统率与指挥。小公司的管理者在具体的授权过程中，要把握好以下几点原则：

1. 合理授权原则

用人偏听偏信，放权不当，管理者授权超出了合理的范围，其结果是促成大权旁落，出现难以收拾的局面，使公司管理者的活动受到干扰，工作计划遭到破坏，影响公司的经营成果，任务、目标不能达成。

管理者放权不是放任，放任就要坏事，该放多少权，就放多少权，要放得适当。管理者在授权过程中，切忌大撒手，那样会把事情搞得更糟。

2. 以信为重原则

日本著名公司家土光敏夫曾经讲过这样的话："目标与方针一旦确定下来，至于完成任务的方法，就应放手让他去做，去决定。"

信任是授权、用权的关键。管理者授权有没有效，在很大程度上取决于此。放碗不放筷，想放又不敢放，放后又干涉，放了又收，收了又放，犹犹豫豫、反反复复，这些都是不信任的表现。领导不信任的授权，等于没授权。坚持信任原则，领导就要勇于放权，真正做到"将在外，君命有所不授"，放手让下属去干。

3. 量力授权原则

管理者向下属授权，应当视自己的权力范围和下属的承受力而定，既不可超越自己的权力范围，又不能不顾及被授权者的承受能力。管理者授予下属的权力，一不要超负荷，不能使下属承担不了，硬给他们一些不适度的权力；二不要授权不足，不充分授权，这样，会影响被授权者能力的发挥。

从实际上来看，量力授权是授权过程中最难做的事。到底授多少，这是一种艺术，也是一门科学。做到了量力授权，便是做到了授权中的"理"。

4. 带责授权原则

授权并非卸责。权力下授，并未减轻管理者的责任。管理者授权给下属，还要把责任留给自己，这也是授权的一项基本原则。

管理者在向下授权的同时，也必须明确被授权者的责任，将权力与责任一并赋予对方。这种授权方式不仅可以有力地保证被授权者积极去完成所承担的任务，而且可以堵住上下推卸责任的漏洞，使被授权者不至于争功诿过，而会忠于职守，努力工作，发挥自己的主动性和创造性。而且，这种带责授权的方法，体现了责权一致的精神。

5. 授中有控原则

授权，不是把权力放下去以后就撒手不管了，授权之后必有的一步便是控制。授权要有某种可控程度，不具可控性的授权就不是授权，而是弃权。

所谓可控授权原则就是管理者应该而且能够有效地对被授权者实施指导、检查和监督。管理者不能把所有的权力都下放，应该掌握一部分权力，例如重要部门的人事任免权以及需要直接处理的下属之间的发生问题的协调权、事关公司前途命运的一些大事、要事的决定权等，这些权力自然要管理者亲自掌握，管理者要真正做到权力能放、能控、能收。

授权之后，管理者的具体事务减少了，但管理者指导、监督、检查的职能却相对增加了。管理者的这种指导、监督和检查并不是干预，而是一种把握方向的行为。

6. 宽容失败原则

真正的授权是以管理者宽容下属的失败为前提的。国内外成功的管理者，总是这样教导下属："别怕什么失败，充分行使你的职权吧，全部责任由我来负！"在他们看来，办什么事情，失败的可能性都是经常存在的。怕失败，就不能坚持，这就注定要失败，所以必须宽容失败。

在这里管理者还应分清宽容和迁就这两个不同的概念，领导要求有宽容的态度，绝不是无理的迁就。宽容是领导的气度，是不计较的意思；而迁就则属于不讲原则、降低标准，这两者是不能混为一谈的。

当然，以上是管理者授权过程中要遵循的基本原则，这并不是要求管理者必须按以上原则办事，具体情况具体分析，管理者要灵活地把握情况，确定该如何授权，这是一门可以让管理者受益一生的艺术。

▌ 不当安享清闲的"甩手掌柜"

管理者的授权，是让下属分担责任，要放手让他们对各自职权范围内的事进行决策和处理，只有当下属不协调或发生矛盾时，管理者才出面解决。但授权不是让权，授权以后管理者照样负有全部责任，不能撒手不管，任其自流。如果管理者授权是图省事，享清闲，自己当"甩手掌柜"，那就错了。管理者在其位，就要谋其政，行其权，负其责。

从某个方面讲，信任是管理者对下属品质、能力的充分肯定，让他按照制定的原则自己行事；但是这绝不意味着让那些不具备良好品质和突出能力的下属任意所为，以至于破坏公司形象。因此，信任是一种理解和依赖，放任则是一种散漫和纵容，作为公司管理者应当记住这一点，切忌混淆了两者的关系。因此，信任下属是必要的，但不要过分，以致走上另一个极端：放任！

信任不是放任，信任能把事情做好，放任能把事情毁坏。作为管理者这一点一定要明白！否则，你只能自惭形秽地面对责任和良心，失去管理者的形象。

对放任进行预防的最好办法，就是监督。管理者明确授权之后，主要职责就是进行有效的控制。就要做到牢牢掌握总目标，放手不撒手，对下属应多加指导。

具体来说，管理者需要做好以下几点工作：

1. 切忌不管不问

指导部属工作的方针是防止这一点的关键。要部属执行内容能信赖的工作，其基本方针是指导。由于有时会墨守成规或惰性习惯，所以要经常留意部属工作的状态，反复给予必要的指导。

2. 防止疏漏工作环节

要做到这一点必须严格执行对工作的指示，例如工作的截止日期、管理者所要求报告的形式与次数等，要详细无遗地指示部属完成工作的重点与应注意的事项。即使相信他会遵守管理者的指示，但如果指示本身不明确或有疏漏，被信赖的部属出于好意，勉强执行，结果却未必会与管理者的想法百分之百吻合。因此，希望部属能遵守的指示必须要明确。只要指示能明确地表达，就可以相信对方能执行指示。

3. 力戒死板教条

认真地接受报告情况，以变应变。调查一下完成工作的实际情况。但是工作的状况经常会变动，足以妨碍部属的工作效率。虽然领导相信部属一定能巧妙地应付那些变化，但有时变化会超出部属的权限。与其让部属竭尽心力，不如管理者凭着自己的观察，以及认真接受工作或部门状况的报告来进行判断，指点迷津。

4. 不要静以待之

管理者要能掌握先机，实行与关系部门协调或支援等必要措施，及时解决出现的问题，不要静以待命。

经由上述努力，领导与下属之间才能形成良好的信任关系，才能使工作完成起来有章有法。这样的放权，才可以说是真正地信任部属。

作为小公司的管理者，在明确授权之后，主要职责就是进行有效的控制。要做到牢牢掌握总目标，放手不撒手，对下属应多加指导。

▌ 授权如放风筝，能放亦能收

由于管理者面临着管理幅度的问题，因此必须将一定的管理权下放，引入更多的人才一起分段管理工作。员工是公司最重要的资源。公司真正做到人尽其才，就要掌握员工的心理，做到量才适用，有效地管理团队，有效地激励员工，提高管理成效，做到授权不失控。换句话说，成功的公司管理者不仅是授权高手，更是控权的高手。

控权，简言之就是交代给下属任务后，要订好计划，跟踪工作进程与责任落实。控权的基础是责任明确、考核到位、奖惩兑现，将工作结果与员工的切身利益挂钩。

不会授权的领导不是一个好的管理者，不会控权的管理者是一个不合格的管理者。

刘英武是美国普林斯顿大学计算机博士，20世纪80年代一度担任IBM公司副总裁，是IBM有史以来在美国本土职位最高的华人。

当时的宏碁公司的董事长兼管理者施振荣看到刘英武在美国电脑界很有声望，于是专门将他高薪聘请过来，高兴地称他为宏碁全球扩展的"秘密武器"，并把经营决策权交给了他。

刘英武一上任，就采用高度集权的管理方式，放弃了公司长期实行的"快乐管理"，独断专行，不允许下属发表过多意见。同时，马不停蹄地将IBM的公司文化精髓灌输给宏碁，召集经理们开马拉松式的会议，让人们听从他的决定。他作了一系列失败的收购决策，导致公司遭受巨大损失，致使员工议论纷纷，人心浮动。

由于经营不善，许多员工纷纷抱怨刘英武的决策有误。其中最大的抱怨来自施振荣的妻子叶紫华。施振荣坦诚回忆道："我的妻子批评我最多，我们总是争吵。我知道公司陷入危机，但总得给别人机会，所以我支持刘英武。但她听到的是下面经理们对他的抱怨，并且感觉到公司即将被榨干血汗。"叶紫华也承认："施振荣没有看到真相，所以我随时都和他争吵。"

后来施振荣也逐渐意识到对刘英武的任命是一个错误。无奈之下，只有重掌帅旗，整顿公司。

为什么声名赫赫的刘英武没能给宏碁带来突飞猛进的发展，反而带来了重重危机？

答案不言而喻，首先刘英武管理能力有一定的欠缺，再就是施振荣的授权是一种没有控制的授权。如果施振荣能在刘英武上任之前，对他的权力有所限制，让他了解组织中哪些东西可以改变，哪些不能，对他的决策权力进行一定的指导和控制，并建立错误纠正机制，就可以避免失败的结果。

授权必须是可控的，不可控的授权就是弃权。管理者在授权后不是放任自流，还必须要加强监控。一旦出现异常的人员变动、资金外流、质量事故、效益下滑、耽误工期等情况，对公司的生产经营会造成严重影响，管理者要及时过问，听取汇报，得到其真实的、合理的解释。若某些问题被授权人解决不了，则要果断出手相助，不要等问题搞大了，再秋后算账。

授权是一门艺术，最佳的授权艺术就是放风筝。光牵不放，飞不起来；光放不牵，风筝或是飞不起来，或是飞上天失控，并最终栽到地上。只有倚风顺势，边放边牵，放牵得当，才能放得高，放得久。授权管理是否成功，跟授权者的放风筝水平是成正比的。

作为小公司的管理者，要学会放风筝，在下放权利的过程中一定要有足够的控制力，不要超出了自己力所能及的控制范围。总之，既要充分授权，又能及时监控，这种辩证的管理思想是每个管理者都应不断学习和实践的。

第五章

沟通管理：

心通了，管理就通了

"一个人的成功，15%属于专业知识，85%靠的是人际沟通。"这句话可能很多人都听说过。还有一句话知道的人可能就不多了："一个领导的成功，40%靠魅力、胆识、人才、资源，60%靠团队内部之间的沟通与团队对外的沟通。"

管理者传达命令、听取意见、协调关系、推动工作……这一切，都离不开沟通。小公司管理者要用好沟通这把管理钥匙，打开员工心扉，互通有无，消除误会，实现"上下通气"，创造如鱼得水的管理环境。

▶ 管理就是沟通、沟通、再沟通

管理重在沟通，沟通消除隔阂，沟通激发积极性，沟通提高效率。

沃尔玛公司总裁沃尔顿曾说过："如果必须将管理体制浓缩成一种思想，那就是沟通。"

日本松下电器的创始人松下幸之助有句名言："管理，过去是沟通，现在是沟通，未来还是沟通。管理者的真正工作就是沟通。不管到了什么时候，都离不开沟通。"

英国管理学家威尔德说："管理者应该具有多种能力，但最基本的能力是有效沟通。"

管理者在实践中常常发现，自己在工作中出现的矛盾、问题，往往是由于沟通能力差、与下属缺少交流造成的。当代社会，沟通已经成为各级管理者的必备能力，以致哈佛大学的权威教授一致认为：管理者的真正工作就是沟通，所以，对于管理者来说，沟通不仅是必要的，更是必需的。能否有效沟通，决定着公司的成败，也决定着管理者的成败。一个管理者如果具有高超的沟通能力，就很容易给公司带来成功。

沟通就是"上下要通气"。上对下：传达工作指示与要求，让下属完全理解上级的意图；下对上：反映真实情况，传递意见、建议与批评等，让管理者掌握工作的进展情况与下属的思想动态。上下级之间能有良好的沟通，团队的凝聚力、战斗力就会大大增强，这有利于完成工作任务，达成绩效目标；假如沟通不好，就会使管理混乱、效率低下。

斯特松公司是美国历史悠久的制帽厂之一。有一年公司的情况非常糟糕：产量低、品质差、劳资关系极度紧张。为此，公司管理层邀请管理专家进厂调查。结果显示：公司内上下沟通的渠道全然堵塞。于是，公司开始实施一套全面的沟通措施。4个月之后，不但员工的不满、怨恨的情绪得以瓦解，同时他们也开始展现出了团队精神，生产能力也大大提高。这就是沟通的力量。

有人说沟通是最廉价但最有效的管理手段，看来是不无道理的。国内外的知名公司，都把沟通当作一件非常重要的事情。老总都很乐于与下属沟通，他们在沟通的过程中听取下属的意见，了解执行的情况，发现运营计划中的弱点。

通用电气公司CEO韦尔奇曾经说："公司领导人的工作成效与能否同下属沟通具有成百上千倍的正效用。为此，我每天都在努力深入每个员工的内心，让他们感觉到我的存在。即使我在很远的地方出差，我也会花上16个小时与我的员工沟通。我80%的工作时间在与不同的人谈话。"韦尔奇能说出1000名高级管理人员的名字和职务，熟悉公司3000名经理的表现。可见他对沟通的重视与努力。

不管是什么性质、什么类型的公司，管理活动都是建立在人与人之间沟通的基础上的。管理者每天所做的大部分事情，比如决策、开会、视察等工作，都是围绕沟通这一核心问题展开的。可以这么说，离开了沟通，就不可能实现真正的领导。

▌ 和谐沟通，家和万事兴

中国人向来有"家和万事兴"的说法，兵法中除了"天时、地利"之外，也将"人和"放在了一个十分重要的位置上。而对于小公司的管理者来说，公司就像是一个大家庭，管理者应当通过建立良性互动的从上到下的沟通风气，创造出和谐的管理模式，让在各个位置上的"家人"各司其职，团结合作。这样，达到了"人和"的公司才能在激烈的市场竞争中立于不败之地。

在惠普没有一间办公室是有门的，包括首席执行官在内。在公司里，所有人都以名字相称，而不是称呼头衔。公司鼓励员工用最简单和直接的方式进行沟通交流。员工在遇到任何问题时，都可以找到管理者进行沟通交流。公司的实验室备品库是不上锁的，工程师不仅可以在工作中随意使用这些备品，甚至可以把它们拿到家里去供个人使用，这样的充分信任使得公司成为大家共同的家。

在传统的观念中，公司和员工的利益是相对立的。管理者会把员工当作分享公司利润的敌人，在这种管理理念下，公司与员工是雇佣与被雇佣的关系，员工只是公司的一颗螺丝钉，管理者可以随意对员工发号施令，员工必须服从。当时代发展到了今天，管理者已经越来越认识到在这个以服务为主导、信息密集、竞争激烈的时代，公司和员工的利益是一致的，因为个人的创造力、竞争力以及主动精神，才是现代公司竞争中最重要的资源。和谐管理就是为了达到公司和员工双赢目的，在这样的管理方式下，公司和员工并肩战斗，同休戚，共进退。

人是生产的第一要素，只有在和谐的环境中，才能激发出员工最大的责任心和工作动力，公司的竞争力才能得到提高，才能保证公司快速健康发展。劳动关系不和谐的公司是没有生命力的，没有广大员工的积极性和创造性，任何公司的发展都是不可想象的。

优秀的公司管理者是用"待人如待己"的黄金法则去对待员工的，要怀着"己所不欲，勿施于人"的思想去人性化管理公司，要知道员工才是公司真正宝贵的财富，没有了好的员工，再好的公司也会垮台。管理者在要求员工忠诚服务公司的同时，自己有没有反省过，如何去做一个最佳的领导呢？有没有真正地去关心过员工，去满足员工的心理需求呢？人与人之间的任何交往都是双向互动的，老板从员工身上得到的越多，相应地，员工也会从老板身上得到更多的机会和更好的待遇。

因此，正确处理好管理者与员工之间的关系，真正建立起一种相互交流、相互依存、相互信任、相互忠诚的沟通氛围，将给公司带来发展，给员工带来成功；它将有助于双方更好地走向未来、赢得明天；它将凝聚出一股冲天士气支持公司发展壮大。

沟通是一种双向的信息交流，其主要功能是实现公司和员工双方的互相联系，从而互相影响。从实质上说，员工管理的过程就是与员工交流信息的过程，因此，推进有效的管理沟通，建立良好的员工沟通机制，对于建立和谐稳定的劳资关系，提高管理水平，实现公司和员工的和谐双赢具有非常重要的意义。

沟通的目的就是消除误会、统一思想、协调行动，在队伍中架起一座信息传递和交流的桥梁。沟通的关键在"通"，没有"通"，管理者和下属之间说再多也没意义。沟通是发生在人与人之间的信息交流，有着深刻的内涵和复杂的过程。小公司的管理者要想真正在队伍中如鱼得水，建立良好的工作环境，就必须对沟通进行全面的认识，不断提高自己的沟通水平。

▼ 有效沟通，从"心"开始

有一把坚固的大锁挂在大门上，费了九牛二虎之力，用一根铁杆还是无法将它撬开。钥匙来了，它瘦小的身子钻进锁孔，只轻轻一转，大锁就"啪"的一声打开了。

铁杆奇怪地问："为什么我费了那么大力气也打不开，而你却轻而易举地就打开了呢？"

钥匙说："因为我最了解他的心。"

这个故事说明：每个人的心，都像上了锁的大门，任你再坚硬的铁杆也撬不开。唯有关怀，把自己变成一只细腻的钥匙，进入别人的心中，才能打开别人的心扉。

所以，对于小公司的管理者来说，要想获得良好的沟通效果，打动员工的心是相当重要的。打动员工的心是和员工顺利交流、说服员工的重要途径。

沟通之难不在于见识有多广或表达有多巧，而在于能否看透对方的内心，并在此基础上巧妙地表现自己。

人的心理十分微妙，即使同样的一句话也会因对方的情绪变化而得到不同的理解。读懂对方的内心才能控制其情绪的变化。

沉默的员工就是一扇关闭的门，如果管理者在交往中稍有不慎，那么对方就永远不会向你打开心扉。怎样才能使沉默寡言的人向管理者敞开心怀呢？管理者应该先进入对方的内心世界引发其产生心理动摇。只要管理者抓住了沉默员工的心理，员工就会很容易地向管理者敞开心扉。

管理者可以使员工感觉到自己十分同情他的处境。如果员工因为遭遇挫折而不言不语，管理者不妨表示同情，可以用一种很宽慰的语气对员工说："如果我处在同样的环境，遇到同样的事情，肯定也会失败。"这样员工就不再担心管理者会严厉地批评他，进而也愿意和管理者展开交谈。

管理者即使遇到了与自己没有任何关系的事，只要具备一定契机和理由，也应该像对待自己的事一样做出积极的姿态，这样才能感化员工。感化员工的关键在于情感、需求、本能等行为动机，不要跟员工空谈道理，那样是没有任何效果的。

有效沟通，从"心"开始。从"心"开始，表明用真心和真诚筑起心与心之间的桥梁。"从心开始"，是沟通的基础和最高境界，管理者只有用真心、用真诚去和员工沟通思想，传达情感，才能使彼此的交流更为顺畅、更为融洽。

沟通是从心与心的交流开始的。每一次心灵的交流和理解，都将打破心与心之间的隔阂，缩短心与心之间的距离，为下一步更高境界的心灵之旅做好铺垫。

作为小公司的管理者，在与员工沟通时，一定要多为员工着想，以心换心，以情动人。用"心"沟通，是一把打开员工心灵的钥匙。

▰ 走走动动，让管理流动起来

走动管理是世界上流行的一种创新管理方式，它主要是指公司管理者身先士卒，深入基层，体察民意，了解情况，与下属打成一片，共创业绩。

雷·克拉克是麦当劳快餐店的创始人，他有个习惯，就是不喜欢在办公室办公，他的大部分时间用在了"走动管理"上，到所有的分公司和部门走走、看看、听听、问问，收集大家对工作的意见。

有一段时间麦当劳公司面临严重的亏损，克拉克用他的走动管理在各公司发现了一个很严重的问题——官僚作风盛行。公司的各部门经理都有一个很不好的习惯，喜欢靠在舒服的椅背上对员工指手画脚，把很多时间浪费在抽烟、喝咖啡和闲聊上。

克拉克为此十分生气，于是下令："把所有经理的椅背都锯掉，马上执行。"命令下得很快，执行得也很快，不出一个星期，每个经理的椅背都被锯掉了。

经理们对克拉克的做法很不理解，甚至还很气恼。椅背锯掉了就不能像以前那样舒服地靠着它抽烟、喝咖啡了，于是大家都走出办公室，学着老板的做法到各部门基层走走、看看、听听、问问，很快，他们就发现了管理当中出现的问题，顿悟了克拉克锯掉椅背的用意。于是，他们及时调整管理方案，现场解决存在的问题，终于使公司扭亏为盈。

走动管理体现了上级对下级或对客户的一种关怀。通过面对面的接触，管理者常常可以更好地对下级进行指导，同下级直接交换意见，特别是能够听取下级的建议，了解下级遇到的各种问题，从而能更有效、更及时地采取相应的措施。随着社会的发展，走动管理风格已日益显示出其优越性：

1. 能产生联动效应

联动效应即管理者动，部属也跟着动，既然管理者都已经作出表率了，那么下属自然会紧跟领导步伐，加强走动管理。

2. 投资小，收益大

当今世界，人们都在努力提高效率。走动式管理不需要投入太多的资金和技术，就可以提高公司的生产力。

3. 看得见的管理

最高管理者能够到达生产第一线，与工人见面、交谈，期望员工能够对他提意见，能够认识他，甚至与他争辩是非。

4. 实现真正的现场管理

日本为何有世界一流的生产力呢？有人认为这一生产力建立在追根究底的现场管理的基础上。其实，日本公司的管理者及其幕僚们每天要洗三四次手，因为这些人的手在现场东摸摸、西碰碰弄脏了。管理者每天马不停蹄地到现场走动，部属也只好"舍命陪君子了"！

5. 更能获得人心

管理者深入基层走访，有利于上下通气，创造无拘束和合作的气氛，更能获得人心。

作为小公司的管理者，要戒除整天坐在办公室听汇报、打电话、发号施令的做法，要到公司的一线去多转悠，多与基层员工接触，了解他们的心声，体察工作的实情，切实发现各种问题和听取意见，采取有效措施加以解决，密切上下级关系，从而保证公司不偏离"航线"，保证公司目标的实现。

管理者要常到比自己职位低几层的部门经理或基层员工当中去多听一些"不对"，而不能只听"对"。不仅要关心员工的工作，叫得出他们的名字，还要关心他们的衣食住行。这样，员工觉得领导重视他们，工作自然十分卖力。一个公司有了员工的支持和努力，就会蒸蒸日上。

▶ 推心置腹，坦诚地与下属沟通

京都陶瓷公司总裁稻盛和夫是个非常有意思的企业家。他能把自己的施政纲领向员工们慷慨陈词，也敢于大胆披露自己往昔的"隐私"和"丑闻"。

他都有哪些隐私和丑闻呢？这可不是别人刻意揭短，全都是他自己说的。例如：

"小学求知时期，在上学途中曾顽皮地用小木棍挑撩女同学的裙子。"

大家听后瞪大了眼睛，尤其是女职员。

"战后混乱时期，曾心惊胆战地从木材商店偷窃过木材。"

"大学深造时期，为了看体育比赛，乘车超过规定区间而被没收月票。"

这回，大家好像可以理解了，公司里许多人都这么干过。

"经商创业初期，因为偷税逃税而被税务局批评警告。"

偷税的事可以说，被罚月票的事也可以说，那偷木头和用小木棍挑撩女同学的裙子的事怎么能说呀！稻盛和夫是不是很傻？其实，这正是稻盛和夫的高明之处，正是这种勇于解剖自己的胆识，才使得员工们产生了"管理者也不是个完人，与我们一样会经常犯错误"的亲近感。这种感觉潜移默化地增进了上下级的心理融合度。也正是在这种劳资关系的催化下，京都陶瓷公司才能出现上下同心同德、并肩携手创大业的勃勃态势，一动而全动，一呼而百应，一步一步地走向繁荣与昌盛。

沟通的成败不仅取决于对沟通的理解以及沟通时的态度，也取决于沟通技巧以及方法是否妥当，技巧不好会造成沟通不畅。任何时候，沟通都是双方面的，是心与心的撞击，是相互的包容与接纳。

管理者要心怀坦诚，言而可信，向下属传递真实、可靠的信息，并以自己的实际行动维护信息的说服力。如何才能做到坦诚地沟通呢？

（1）赢得下属的信任。要诚恳地争取员工的反馈信息，尤其要实心实意听取不同意见，建立沟通双方的信任和感情。下级对管理者是否信任，信任程度如何，对于改善沟通有很重要的作用。如果没有信任，完全真实的信息可能变成不可接受的，而不真实的信息倒可能变成可接受的。

（2）正确表达自己的意见。要实现坦诚地沟通，管理者还得会说，会表达自己的意见。在表达自己的意见时，要诚恳谦虚。讲话时要力求简明扼要，用简单明了的词句表明自己的意思。

管理者坦诚的沟通能赢得员工的尊重，从而引发员工对公司的归属感，让员工放下顾虑，一心一意对待工作，尽心尽力为公司做贡献。

▌ 没有平等就没有真正的沟通

美国加利福尼亚州立大学对公司内部沟通进行研究，他们发现，来自领导层的信息只有20%~25%被下级知道并正确理解，而从下到上反馈的信息则不超过10%，平行交流的效率则可达到90%以上。

进一步的研究发现，平行交流的效率之所以如此之高，是因为平行交流是一种以平等为基础的交流。为试验平等交流在公司内部实施的可行性，他们试着在整个公司内部建立一种平等沟通的机制。结果发现，与建立这种机制前相比，在公司内建立平等的沟通渠道，可以大大增加管理者与下属之间的协调沟通能力，使他们在价值观、道德观、经营哲学等方面很快地达成一致。可以使上下级之间、各个部门之间的信息形成较为对称的流动，业务流、信息流、制度流也更为通畅，信息在执行过程中发生变形的情况也会大大减少。

这样，他们得出了一个结论：平等交流是公司有效沟通的保证。

要提高沟通效率，小公司的管理者就必须充分认识沟通的平等性。平等的沟通，并不是平等地位的沟通，而是发自内心的情感交流。有修养的管理者会以平常心态对待他人，言语表现得体，真诚用心地对待每一个下属。

管理者与下属沟通，就是管理者与下属之间在思想、观点、意见、感情、愿望、认识问题等方面交流的过程，通过相互作用，达到共同进步的目的。良好的沟通能够达成决策共识、建立相互信任、促进彼此感情、形成团队合力、提高落实效率。没有沟通或失败的沟通，会产生误解、相互猜忌、伤害感情，甚至形成对立或仇恨。

公司要实现高速运转，要充满生机和活力，有赖于下情能为上知，上意迅速下达，有赖于部门之间互通信息，同甘共苦，协同作战。要做到这一点，有效的沟通渠道是必需的。

有效沟通，使组织成员感到自己是组织的一员；激励成员的动机，使成员为组织目标奋斗；提供反馈意见；保持和谐的劳资关系；提高士气，建立团队协作精神；鼓励成员积极参与决策；通过了解整个组织目标，改善自己的工作绩效；提高产品质量和组织战斗力；保证管理者倾听下属意见，并及时给予答复。

其实公司管理中的工作最多不外乎员工彼此间的交流，大约占全部工作时间的60%以上。可见，一个公司中如果缺乏有效的交流，将会造成很大的障碍。所以，作为一名小公司的管理者，应该掌握有效的员工交流沟通方式，做到相互尊重、平等沟通，解除与员工之间的沟通障碍。

▶ 倾听，开启员工的心门

作为小公司的管理者，你对下属应采取民主的方式，倾听各种不同的声音，因为在不同的声音中，不乏金玉良言。当然，在不同的声音中，也会有错误的东西，管理者应有气度、有雅量地进行批判地吸收、辩证地看待。只有多交流，才能共同完成任务。交流的过程，既是倾心交流的过程，也是换位思考的过程。这样，既能很快地拉近距离，又能较好地产生共鸣，从而达到交流的目的。

本田宗一郎被誉为"20世纪最杰出的管理者"。回忆往事，他常常对周围的人说起一则令他终生难忘的故事。

一次，一位来自美国的技术骨干罗伯特来找本田宗一郎，当时本田宗一郎正在自己的办公室休息。罗伯特高兴地把花费了一年心血设计出来的新车型设计图纸拿给本田宗一郎看："您看，这个车型太棒了，上市后绝对会受到消费者的青睐……"

罗伯特看了看本田宗一郎，话还没说完就收起了图纸。此时正在闭目养神的本田宗一郎觉得不对劲，急忙抬起头叫了声"罗伯特"，可是罗伯特头也没回就走出了管理者办公室。第二天，本田宗一郎为了弄清昨天的事情，亲自邀请罗伯特喝茶。罗伯特见到本田宗一郎后，第一句话就是："尊敬的管理者阁下，我已经买了返回美国的机票，谢谢这两年您对我的关照。""啊？这是为什么？"罗伯特看本田宗一郎满脸真诚，便坦言相告："我离开您的原因是由于您自始至终没有听我讲话。就在我拿出我的设计前，我提到这个车型的设计很棒，而且还提到车型上市后的前景。我是以它为荣的，但是您当时却没有任何反应，而且还低着头闭着眼睛在休息，我一恼就改变主意了！"

后来，罗伯特拿着自己的设计到了福特汽车公司，受到了高层领导的关注，新车的上市给本田公司带来了不小的冲击。通过这件事，本田宗一郎领悟到"听"的重要性。

管理者如果不能自始至终地倾听员工讲话的内容，不能认同员工的心理感受，就有可能会失去一位技术骨干，甚至是一个公司。作为一名小公司的管理者，在与员工的沟通过程中，首先应该主动听取意见并善于聆听，只有善于听取信息，才能成为有洞察力的管理者。

积极聆听是暂时忘掉自我的思想、期待、成见和愿望，全神贯注地理解讲话者的内容，与他一起去体验、感受整个过程。倾听是很重要的管理技巧，这里有几个简单的方法供管理者参考。

（1）态度要端正。千万不要摆出你是一个老总的架势，那样你的员工可能不会将他心中的真实想法表达出来，也很容易伤害他们的自尊。

（2）善于聆听弦外之音。你们的位置毕竟不同，有些时候，他并不直接地向你表达，而是选择绕圈子的方式。因此，当你在倾听时，要特别注意说话者的语调，因为里面很可能隐藏着他们要表达的真正含义。

（3）要对所听到的情感做出反应。有时候，说话者所要表达的情感远比他们所表述的内容重要。仅仅理解说话者所表达的感情是不够的，还应当对说话者的情感做出适当的反应，这样才能使说话者知道你已经听懂了他所要表达的内容。

（4）表现出你非常乐意的姿态。这个方法也许是最重要的，因为所有的倾听都开始于我们乐于参加的意愿。倾听的动作可能是人类最不自然的动作之一，因为我们得抛开自己的想法，来迎合他人的需求。这也就是良好的倾听习惯，需费一番工夫才能精通的原因。

（5）与你的倾诉者对话。倾听是一种尊重对方的方式，但是，如果只是一味地"听"而一言不发，则会让倾诉者逐渐丧失倾诉的意愿。所以，不仅要倾听，还要参与对话。

（6）注意力集中。这是尊敬说话者的最起码的表现。聆听者的尊敬会使说话者觉得有尊严。当你未全神贯注地倾听别人的说话时，你已在无意间冒犯了别人。尊敬说话者指的是，全神贯注于说话者，不打岔，不敷衍应答。

（7）要有敏锐的观察力。根据一份报告显示，55%的沟通是根据我们所看到的事物进行的。良好的倾听者会观察说话者的一举一动。

会倾听的管理者才能了解员工的心声，才能创造一个能够激励员工的组织氛围，才能更好地管理公司。

聊天沟通术，聊着聊着就“通”了

聊天也是一种沟通形式，叫作非正式沟通。

日本东芝公司的管理者土光敏夫，人称“提着酒瓶子的大老板”。他刚接手东芝公司时，公司连年亏损，很不景气。上任伊始，他不顾年迈，第一件事就是遍访设在日本各地的30多家下属公司。每到一处，土光敏夫不是先听厂长、经理汇报，而是找一些老工人去酒馆喝酒、聊天。他通过这种策略，发现了公司一线的问题和解决问题的思路。

聊天，看上去随意自在，但有了目的后，就要在围绕此目标来进行。比如大家聚在一起聊天、说笑话，是为了达到交友、快乐的目的。为了这一目的，聪明的沟通者就不会冷落在场的任何一个人。每一个人都有着他自己的发表欲，如果你只想自己讲，让大家都听你的，就违背了与众交谈的乐趣了。别人没有精神听下去，只好站起来不欢而散了。

在现实生活中，管理者与员工之间相互沟通并不是一件容易的事。作为员工来说，每个人都有不同的想法，所以，作为管理者不妨多和他们聊聊，当然这种聊天式的沟通可以是比较随意的：

1. 争取每天多次的交流

最好养成每天多打几次招呼的习惯。不管你的性格是怎么样的，但是为了你的工作的顺利开展，这样的行动是必要的。千万不要因为对此厌烦而放弃。

2. 发现问题要马上着手解决

有时通过聊天打招呼会发现问题，很多人最多是问问"你今天是怎么了？"但是事实上，这样还是远远不够的。

3. 创造交流的机会

打招呼只是日常生活极其普遍的一个例子，更重要的是要理解其中包含的进行沟通的实质含义。

管理者可以用聊天的方式开头，例如："最近工作如何？哪些部分做得比较顺利？哪些部分做得不太顺利？"把先说再听的情形转为先听再说。这样等于邀请员工分享他对工作的想法，同时也为管理者要说的话铺路，营造出比较自然的谈话气氛。

▚ 餐桌沟通术，边吃边沟通

公司要成为一个有机的整体，部门之间的沟通就显得十分重要。而在实际管理实践中，各部门之间的沟通往往会遇到很多障碍。有一家公司找到了一种极为简便的方法来增进各部门之间的沟通，这就是"餐桌面谈法"。

西诺普提克斯通讯公司，专门生产配套计算机系统。在4年的时间内，这家公司的雇员由11人增至425人。公司的规模不断扩大，5个职能部门之间的沟通就显得越来越重要。而在实际中，各部门之间的沟通存在不少的障碍。

有一次，生产部门的主管实在是难以忍受其他部门的不配合，因组装一种新型电路耗费工时过长而连连抱怨，这引起了公司总裁的注意。时任该公司总裁的是安德鲁·拉德威克。他为了解决这位主管的抱怨，专门请来这位主管和一位工程师，和他们一起用餐。在就餐时，让他们就如何加快组装的问题进行协商。两人的协商是很有效的。最终，他们找到了一个简单的加快组装的办法：只需更换一种更小、更便宜的部件，就能大大缩短工时。受这次用餐协商成果的启发，拉德威克想出了"餐桌面谈法"，并认为这是解决实际问题、增进部门间的沟通的一种非常简便的方法。

每个季度，这家公司都会在总部所在地举行一次午餐会。总部位于加利福尼亚州的蒙顿维尔。在这里，每次摆上5张餐桌，请来两个相关部门的要员共享丰盛的午餐。当然，用餐并不是目的，目的在于让他们找出解决问题的办法，席间，都要提出一些有待解决的特定问题。针对某一特定问题，每位用餐者都要想出自己的解决办法，在向大家陈述之后，用餐者进行评价，直到找出最佳的解决办法。

在中国，有一种"餐桌文化"，这种文化运用在管理沟通中同样有效。日常工作中，管理者与下属沟通的一个好时机就是进餐时间。因为这时候大家都比较轻松，说话时不太会顾及上下级之分，有什么话就坦诚地说出来，因此有利于双方的沟通，促进问题的解决。

员工小王因为失意走神操作失误，导致机台损坏，造成公司损失，主管批评了他，但他想知道小王为什么会犯这样的低级错误。一次，在公司的餐厅吃午餐时，主管有意和小王坐在一张桌子上。主管一边吃饭一边和小王闲谈："小王，最近工作不太在状态，是怎么回事呢？是不是家里有什么事让你分神了？"小王忧郁地说道："家里能有什么事，还不是和那个在外地读大学的女朋友吵架了。"主管了解了事情的原委，心里也有了数，于是边吃饭边开导小王："作为男人，有什么事应当让着女朋友点，多包容和体谅女朋友，这样不仅能体现一个男人应有的大度，而且还能赢得女朋友的喜欢。"小王听了，下意识地点点头。打这以后，小王上机器工作时总是聚精会神，再也没有出现过操作失误的情况，在公司年终员工表彰大会上，还被评为优秀标兵。这样，一次简单的餐桌沟通，轻松解决了一个管理工作上的问题。

如果管理者在办公室向员工询问这样的问题，员工可能会揣摩你的心意，回答时多有顾虑，不会对你说真心话，不利于管理者和员工的沟通。而利用进餐时间和员工沟通，就会让员工放下戒心，打消顾虑，愿意和你进行深入的交谈，有利于双方的沟通，有利于问题的解决。在实践中，管理者要多注意运用和发挥餐桌面谈沟通术的作用。

餐桌的氛围相对来说是一个比较宽松安全的谈话环境。一般情况下，饭桌上的气氛都是比较轻松、随意的。管理者和员工一起吃饭时，双方之间的距离缩短了，员工没有了平时的拘谨，管理者也没有了工作时的威严，呈现出一幅其乐融融的画面。这样的气氛会让人放松警惕、卸下防御，管理者也会放下身份与员工畅所欲言。不可否认，这有助于管理者与员工建立亲密的关系。

但是，在这样的氛围中，一些自制力比较差的管理者也会说一些不该说的话，如公司的机密、某位同事的是非、贬低某位上级领导或胡乱承诺等。这些话都会损害管理者的形象，甚至在日后工作中产生难以处理的后果。因此，即便在饭桌上，管理者也要保持自己应有的风度，说话有根据、负责任，切忌在员工面前搬弄是非。在人格上，管理者与员工是平等的，但在职位上是有区别的。在工作关系中，管理者应该时刻记住这些区别，虽然私下和员工谈话不用很严肃、不用打官腔，但你仍然是管理者，一些不该说的话，任何情况下都不要说。

▶ 批评有术，员工心悦诚服

人非圣贤，孰能无过？在日常工作之中，下属的工作常常会出现某些偏差和错误。但是由于外部条件的限制，下属自身往往难以觉察到这些错误，这时管理者就必须及时提出批评，来拨正航向，纠正偏差，保证工作目标的顺利实现。

对于批评，人们往往难以接受，如果批评不当，语气过重，就会激发对方的逆反心理，批评不仅不能发挥作用，还会成为伤害双方关系的一把"利刃"。所以，小公司的管理者在批评下属时，要掌握一定的技巧，才能让下属既不反感，又能心悦诚服地接受。

1. 用朋友的口吻

你作为领导，对某一名下属的工作很不满意且必须指出来，又不便当面批评他时，你该如何做呢？你首先应低调一点，先尝试改变他的态度，以朋友的口吻去询问对方："发生了什么事？""我能为你做些什么？"或"为什么会这样？怎么回事？"等，这有助于你对情况的了解，以便更好地解决问题。这应是上策，可以直接告诉他你心目中的要求，但不要说："你们这样做根本不对！""这样做绝对不行。"你可以说："我希望你能……""我认为你能做得更好。""这样做好像没真正发挥你的水平。"用提醒的口吻和对方说更好。

然后私下与其交换意见，委婉地表达自己的想法，并与他摆事实、讲道理、分析利弊，他就会心悦诚服，真心接受你的批评和帮助。反之，如果你居高临下，盛气凌人，以上司的口吻责备，那就会引起下属的反感，批评就会失去效果。可见，批评时的角色定位很重要，它会使批评产生截然不同的效果。

有时可能因工作繁忙，未能及时处理矛盾纠纷，你可以先行对矛盾双方进行慰问，待双方冷静后再进行处理，这一方面缓解了下属间由于彼此矛盾或纠纷造成的紧张气氛，另一方面可以多了解下属间产生矛盾的原因，以便调整今后的工作。

2. 对事不对人

在对下属提出批评时，预先要想清楚要说什么话，大前提应该是"对事不对人。"批评时切记：不要做人身攻击。例如："你这个态度，我很不欣赏。"或"为什么你总那么主观，你就不能客观点儿吗？"等，这样说会使双方的关系非常尖锐对立，非但对解决问题没有帮助，还会使新的矛盾产生。

3. 掌握批评的时机

在发现下属有错误时，要掌握批评的时机，正面批评别人，对谁来说都是一件十分尴尬、困难的事，但作为领导，这是你的工作内容之一。

当你要对下属进行严厉批评时，请预先跟当事人约好一个时间，同时用简单的话先点他一下，让对方有心理准备，这样你也可以提前思考一下对事件的处理方法。然后，把你要说的内容的思路清理一下，重点重申一次，这样会让你减少不安的感觉。不妨写下一个大纲，准备随时翻阅，不致因疏漏而要重讲一次。经常提醒自己："把握分寸""保持冷静""不要忙"，态度自然轻松。记着，正面和诚恳的语态，可以令受批评者容易接受和免除尴尬。

在批评时开场白是很重要的，切忌凡事用"领导认为"来开头，给对方过大压力。可以婉转地说："你经常迟到早退，是否有什么难处？""单位有单位的规矩，你迟到早退，对其他同事的工作有影响，而且不公平！""我欣赏你做事速战速决的作风，但希望你能按照单位的规矩而行，以免阻碍正常工作。"

批评下属要及时，立即采取行动。随时发现，随时批评，不要拖延，如果总是想过几天再说吧，对方就会想："我一直都是这样做的，怎么你过去就没意见呢？"

但是这并不是说要不加选择地即时批评，有人认为：领导是权威的代表，在与下属谈话时只要使用肯定或提高声调的语气就行了，其实不然，作为领导，要首先考虑到对方的自尊心，不能在大庭广众之下，去纠正下属的过失并且批评他。

有的下属因为本身的原因，常常缺乏干劲，工作没有主动性。你批评他一通，想以此来调动他的主动性，是无济于事的，主动性必须靠内因来调动。对他们的批评只能是隐晦的，在表面上要进行激励。谈话的目的在于让对方接受，而接受则需要对症下药，采取攻心策略。

如果他喜欢养花，可以将他的工作和花儿进行联系，这样就能激起下属的积极性，使他认真、热情地去工作。不仅如此，这种激励的方法还能使下属产生一种责任感，而责任感恰恰是做好工作的前提。如此一来，下属必能心服口服，愉快地接受你的批评，因为他的努力得到了承认，他的积极性得到了肯定。

▶ 高效开会：凡会议，必产出

开会也是现代管理活动中最重要的沟通方式之一，不管你经营哪种类型的公司，都绕不开各种大大小小的会议，大公司中开会是经常性的事情，而小公司中同样也少不了开会这样一种沟通形式。

有研究显示，84%的企业家都曾为内部沟通成本过高而苦恼，开会在管理中承担了很重要的一部分的沟通任务。大部分的会议可能都是没有激情和效率的。

万会朝宗，开会目的都是"解决问题"。然而，在我们的实际开会过程中，不仅仅解决不了问题，反而衍生出一些新的问题和麻烦。在会议里，主要体现有以下这些问题：时间冗长、议题杂乱、发言随意、争论粗鲁、各干各事、决定草率、被形式化，等等。

这些问题极大地阻碍了会议的进程，延长了会议的时间，造成会而不议、议而不决、议而不决的无效结果，浪费了时间。为了提高会议效率，快速解决问题，实现既定计划和目标，我们需要对会议进行管理。

会议是公司管理中重要的沟通方式，能给管理者和员工提供面对面的交流机会。但不讲会议成本，不注重会议效率，就会无偿耗费大量财力、人力，造成最大的浪费。在时间就是金钱、效率就是生命的竞争时代，必须尽量缩短会议时间，减少不必要的时间浪费，提高会议效率。

如何让会议开得理性、有序、高效？

重要的一点就是遵照"凡会议，必产出"的原则，做好会议管理，掌握好会议的时间和进程，让每一次会议都开得卓有成效。为此必须做到以下几点：

（1）做好开会准备。"不打无把握之仗"，对于开会也是如此。在正式开会前，通常有一些工作是要事先准备做好的，如确定好参加会议人员的名单，参加会议的人员数量要控制合理，不能太多也不能太少；准备好会议资料；做好会议的场地和座位安排。在会前，一定要确保做好了正式开会的所有准备，这样正式开会时就会不会陷入慌乱，有条不紊。

（2）会议的主题必须鲜明突出。每个会议都应有一个或数个明确主题，会议所要达到的目的也必须非常清楚。防止会议开得漫无边际毫无中心，使听的人抓不着要领。

（3）注意会议的主题和员工讨论的方向有无偏差，要适时把会议方向拉回来。对于要公布的既成决定，要控制会议不再讨论，如的确需要，可以另外安排会议专门讨论。

（4）控制会议按流程进行，掌握好时间，尽量不要推迟或延长会议；对每个与会者的发言时间应该有限定；如果会议议定需要得出结论的，要事先告诉与会者，让他们心里有数，这些都可以在会议议程里写明。

（5）会议得出的决定和结论应该落实到部门或人，并且确定完成需要的时间、资源、配合以及遇到问题时可以到何处或向谁寻求帮助，等等。

（6）安排会后跟踪，确定会议的决定和结论能够有效实施。

▌ 话多不如话少，会长不如会短

冗长而沉闷的会议常常会浪费你大量宝贵的时间，那么，怎样才能避免被会海所淹没呢？下面为你提供一些老板和公司成功开短会的技巧：

芝加哥某家电器公司的老板发现在下午快下班的时候举行会议，就能够在很短的时间内结束会议并作出决定。他介绍说："一般人都想早点回家，所以这时在会上就不多讲废话。"

随着时间的流逝，大家会逐渐把注意力集中在问题的关键上。结果，上午要开三个小时的会议才能解决的问题，拿到下班前来办理，大约只需要一个小时或不到一个小时就可以解决了。

而有的老板却推荐"站着开会"，比如某家大报社的社长就是这样。他没有一张像样的办公桌，为了和报社成员谈话，他在办公室和印刷车间到处走动。他认为如果站着开会，不需要准备会场，而且能够迅速、有效地得出结果，讲话时也不会有那种空洞无物、装模作样的长谈了。

还有一位老板说："我喜欢在午饭前召开有关的工作会议。因为大家的肚子都饿了，就不会为一些无聊的事来辩论以致浪费时间了，于是很自然地全力以赴进行讨论。这样不但可以迅速地进行会议，而且会议结束之后，大家还能边吃午饭边轻松地交谈。采用了这种办法，一个小时就可以结束以前要开两三个小时的会议。"

但也有一些公司的老板把自己主持的会议的时间限定在一个小时以内，他嘱咐自己的部下，一个小时到了就鸣铃。他认为："在规定的时间内如果讨论不完某一个问题，或没有达到做出决议的地步，这就说明这个问题对于本次会议来说是过于困难了。最好进一步沟通各方面的意见，在这个基础上再作处理。"

还有人建议是否在会议室的墙壁上预先放一只挂钟来显示会议的"剩余时间"。因为每当大家抬起头看钟时，就会立刻意识到时间正在一分一秒地过去，这样也可以避免会议拖拉冗长。有关的调查结果表明，大部分的会议都不应该拖到一个半小时以上。如果超过了时间，疲劳和无聊的感觉就会越来越严重，而与会者对会议的关心却越来越淡薄。

事先告诉与会者会议所限定的时间，能让参加会议的人精神上绷紧起来，从而使他们以一种认真的态度对待会议。

英国一家公司规定不经过四个步骤，就不得向会议提出某一提案。第一，要深入仔细地讨论议题；第二，研究其原因；第三，先考虑一下可能的解决对策；第四，事先准备好可行的方案。在这家公司里，这种原则不仅适用于会议，而且还适用于电话。他们解释说："这种做法，使我们可以避免在琐事上多花时间，而且我们认为，有些事情用个别谈话的方式就能够解决了，完全没有必要再开会。"

第六章

激励管理：

赶员工跑，不如让员工自己跑

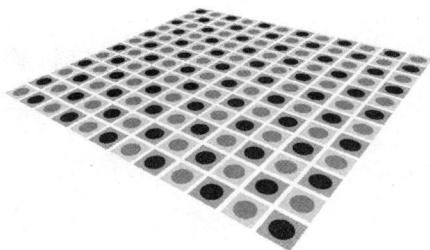

哈佛大学的心理学教授威廉·詹姆斯通过研究发现，在缺乏激励的环境里，员工的潜力只发挥出1/5，而在良好的激励环境中，同样的员工可以发挥出其潜力的4/5，甚至100%。可见，在公司管理中，每一位员工都需要被激励。

员工缺乏动力，工作就缺乏积极性，团队就没有战斗力，公司就无法运行。如何让员工充满动力？有效的激励必不可少。小公司管理者要运用灵活的激励技巧，为员工"打气"，让他们始终保持高昂的战斗士气！

激励，让员工跑起来

在公司管理当中，发生的一些现象令人深思。在和下属的沟通和交流中，你一定会听到很多类似的话："总是这些事情，总是这些人，我感觉自己没有一点提高。""老板，您让我去做的事情看来是没戏了，咱们公司实力不强，抢不上人家啊！"……

听了这些话，作为公司管理者的你有没有想过：为什么会出现这样的情况呢？为什么过去几个小时就可以完成的事，现在一天也完不成呢？为什么奖金的设立本来是为了激励员工斗志和鼓舞他们积极性的，可是发了奖金反而引起了很多纠纷呢？为什么以前布置的任务员工二话不说就勤勤恳恳地干，现在却总是讲条件呢？

其实这些情况发生的时候，说明你的员工对目标失去信心了，前进的动力不足了，他们不再像以前一样慷慨激昂了！他们需要你为他们鼓舞士气，需要你的激励让他们跑起来！

事实上，每一个公司都有自己的激励机制，可是很多公司的激励机制都起不到成效，因为激励是需要变化的，不同的发展阶段激励方式也有所不同，所以不能墨守成规，要想让你的下属跑起来，就必须掌握激励的核心。管理者在运用激励武器的时候，一定要深谙激励之道，熟悉感情、帮带、竞争、奖励、赞赏、公正、信任等技巧，并加以综合运用。

在对员工激励时首先要了解，你部下的工作动力在哪里？他们为什么要努力地工作？他们希望工作能给他们带来什么？分析了这些后，就可以针对情况，灵活运用了。以下是一些让你的员工斗志昂扬的方法：

（1）给员工制造一种充满竞争的氛围。要知道，在充满压力的竞争气氛中，有谁会甘居下游、被淘汰呢？

（2）适当地给予员工晋升机会。晋升带来的除薪金的上涨外，更多的是给其带来了责任感、成就感等多方面的满足。

（3）在员工取得了一定成绩时要表达赏识和认同。千万不要吝惜自己的表扬，让你的团队的每一个人知道他取得的成绩，然后可以让他承担更多的责任。

（4）对于表现好的员工，授给其处理业务更大的权利；当下属的业务遇到一些困难时，给予信任和必要的指导、帮助。

（5）要让员工知道"一分耕耘，一分收获"，给下属创造一个公平的竞争环境，做到按劳分配，完善考核机制。

（6）试着给员工改变一下工作内容和形式，以此来激发员工的工作动机，使其工作扩大化和丰富化。

（7）所谓有奖有罚，对员工在工作中出现的错误和疏漏，除帮助其改正行为方式外，还要给予其一定的惩罚，这样才能阻止他再犯同样的错误。

（8）通过培训提高员工工作技能，拓宽其视野。

（9）注意给予员工情感激励，以诚相待，做他们的知心朋友和生活顾问。

（10）身教重于言教，管理者要起带头作用，给予员工行为激励，要知道，身不正何以令行！

总之，在公司现有资源的基础上，只要管理者能有效整合最大的人力资源潜能，可以用最少的成本创造最大的利润，那么就达到了激励的最佳效果。员工斗志昂扬，公司又怎能不兴旺。

激励不是天马行空的承诺

有这样一个小寓言故事。

一只小野鸡由于在山上贪玩不回家，所以直到黄昏的时候才想到该下山了，但是它已没办法分辨出回家的路了，最后只能深一脚、浅一脚地凭借着自己的感觉向山下走去。天越来越黑了，小野鸡一边懊悔一边担心，结果一不小心，从山上滚了下去，幸好被山上的树枝卡住了身体，才得以保住了自己的一条命。

挂到树枝上后，小野鸡的脑袋开始天旋地转起来，它不敢向下看，因为下面是万丈深渊；它也不敢往上看，因为它没胆量回想自己失足的情景。小野鸡知道树杈虽然救了自己的命，但是它也有随时被压断的可能性，所以它只能一动不动，靠祈祷来度过这段无助的时光。

就在这时，一只刚刚饱餐一顿的黑雕飞了过来，它一眼就看到了挂在树杈上的小野鸡。看着小野鸡可怜的样子，黑雕动了恻隐之心，于是它飞快地飞到了小野鸡的面前。见到黑雕后小野鸡非常害怕，心想："没想到没摔个粉身碎骨，却要成为黑雕的夜宵了！"

但当它看到黑雕没有扑向自己，反而用和善的目光看着自己时，它意识到自己的救星来了，于是赶忙向黑雕求救道："黑雕先生，求求您，一定要救我一命，我一定会报答您的大恩大德！"听了小野鸡的话，原本正要飞过去救它的黑雕心里琢磨："它说要报答我？我本来也没想要报答呀！不过看看它要报答我什么吧！"于是它忽闪着翅膀，停在了半空中。

小野鸡偷偷看了看黑雕的表情，发现黑雕并没有要过来救自己的意思，于是又忙说道："您要是救了我，我就抓50只野鸡送给您！"说完后，它又偷偷看了黑雕一眼，黑雕一听，心里开始怀疑："就凭你一个小野鸡，能给我抓50只野鸡？"于是它继续思考。

见黑雕还是面无表情的样子，小野鸡心里开始发慌了，它心想："黑雕飞过来就是救我的呀！但是他为什么迟迟没有动静呢？难道是我给它许下的承诺太少了吗？"于是它一脸无奈地又恳求道："黑雕先生，您想要什么？条件由您来提，只要您能救我的命，什么条件我都能答应您。"

听小野鸡这样说，黑雕觉得很好笑，于是笑了笑说："我想吃大灰狼的肉，你能帮我捉一只来吗？"小野鸡听到这里，想也不想就说道："没问题，那么您现在救我吧，过两天我把一只活着的大灰狼抬到您的家里让您尝尝鲜。"

听到这里，黑雕彻底失去了救它的心情，心想："听你在这儿信口开河，我还不如回去睡会儿觉。"于是一展翅膀，转身飞走了。望着黑雕远去的背影，小野鸡迷惑不解，它不知道黑雕为什么改变了主意。

这个寓言带来的管理启示是：公司管理者不要因为激励而无限制地提升员工对激励的期望。小野鸡就好像公司管理者，黑雕就是公司的员工。管理者为了公司目标的实现而对员工进行天马行空式地承诺，完全不考虑自己的能力范围，许下承诺后就把它忘在了脑后，最后不了了之。

员工因为管理者的承诺而对奖励抱有很大的期望，但由于不能得到而使工作情绪陷入最低谷。在员工的"一升一降"之间，管理者就失去了公信力，为日后公司的发展埋下隐患。

优秀的管理者在激励员工时，从来不是从个人的意愿出发，而是从员工的期望出发，使激励既不低于员工的期望，也不必冒着增加公司成本的风险。对于员工来说，只要符合自己的期望，就一定会感到满足。

小公司的管者要切记：激励要量力而行，未能实现自己的诺言，终究会失去员工的信任。

▶ 激励偏心，员工就会离心

奖励本来是一种很好的激励方法，但如果这种方法运用不当，就会产生适得其反的效果。比如，有的公司在评优秀、评先进中采用"以官论级法""以线划档法"等，就会使评奖的公正、公平性遭到践踏，使荣誉的含金量大打折扣，榜样的示范作用也会同时大打折扣，这就会使奖励的激励作用尽失。

有一家生产电器配件的私营公司，由于公司在奖励机制上的不透明，使得员工相互猜疑，老工人、管理人员、技术人员都在不停地流失，而且在岗员工也大都缺乏工作热情。尽管该公司努力调整了员工的工作条件和报酬，但效果仍然不尽如人意。

这家公司把员工分为三个档次："在编职工""工人"和"特聘员工"。"在编职工"是和公司签过劳务合同的员工，主要是公司的技术骨干和管理人员；"工人"是通过正规渠道雇用的生产工人；"特聘员工"专职兼职都有，是外聘来的高级技术性人才。当公司卖出一大批配件或签下一大笔订单，将要发放奖金时，"工人"和"在编职工"的奖金是通过薪资表格公开发放的，而"特聘员工"的奖金则是以红包的形式发放的。由于"特聘员工"都是些高级人才，所以他们的奖金通常是"在编职工"的数倍。

但是，让管理者没有想到的是，这种奖励措施却极大地挫伤了员工的积极性。由于管理者没能公开宣布"特聘员工"的特殊贡献，所以在一些"工人"和"在编职工"得知"特聘员工"的奖金是他们的几倍后，都认为公司不能公正地对待他们，他们便产生了猜疑和强烈不满。

与此同时，"特聘员工"也非常不满，他们当中有一部分人认为发放给自己的奖金太少，认为公司不承认他们的价值，把他们当外人看。甚至有的人还误以为"工人"和"在编职工"肯定也收到了这种红包，而他们是公司的"自己人"，数额肯定比自己多得多。因此，他们认为自己的努力并没有得到公司公正的认可。结果，这家公司付出重金奖励的手段，不仅没有换来员工的凝聚力和积极性，反而涣散了人心。

由此可见，在缺乏公平感的情绪支配下，员工就会产生不满，从而采取减少付出、要求加薪甚至放弃工作等消极行为，最终会使公司前期的激励措施产生的功效消失殆尽。

当员工发现自己付出的代价和所得的报酬之比与其他人相等的时候，就会感到自己所受的待遇是公平合理的；反之，如果管理者有一些偏心，员工就会产生不公平感。作为小公司的管理者，在对员工实施奖励时，一定要做到公开、公正、公平、透明，这样才能消除员工的不满情绪，让奖励产生应当有的效果。

▆ 激励要"雪中送炭"，不能"雨后送伞"

古人提倡"赏不逾时"，这就说明及时激励的核心是一个"快"字，激励只有及时才能使人们立刻意识到做好事的利益或做坏事的恶果，所以给员工奖赏就不能错过好的时机，"雪中送炭"和"雨后送伞"的效果是不一样的。激励越及时，越有利于将人们的激情推向高潮，使其创造力连续有效地发挥出来。

小公司以追求效益最大化为目的，而员工业绩的最大化本身就是公司效益最大化的基础，因此管理者必须把握激励的及时原则，使员工业绩最大化。

在饭店工作的员工小马发现，每个到饭店就餐的人都对桌子上的瓜子非常感兴趣。不管是否喜欢吃，反正他们一坐下就抓起一把瓜子，一粒接一粒地磕起来。即使中途出去接电话或者上厕所，回来之后还是很自然地接着嗑瓜子。

这到底是为什么呢？小马就这个问题去请教心理学专家。心理学专家对此解释是：每嗑开一颗瓜子，人们马上就会享受到一粒香香的瓜子仁。这是对嗑瓜子的人即时的回报，在这种即时回报的激励下，人们不停地去嗑瓜子。另外，一盘瓜子嗑起来后，不一会儿就有一堆瓜子皮产生，这会使人们产生比较明显的成就感。

这个案例对公司管理具有相当的警示作用。作为一名管理者，如果有办法能让他的员工像嗑瓜子一样愉快地完成工作，那么无疑他是成功的。管理者应该懂得，对于员工每一次完成任务都应该给予及时的激励。也就是说在员工完成任务以后，第一是要激励，第二是要马上激励。员工的任务就是嗑开瓜子，而公司管理者对下属的态度就是瓜子仁。

如果员工连续两次吃到坏瓜子（不为管理者重视，或者不能获得奖励），那么，员工肯定不愿意再嗑瓜子了。如果你的某个员工这个月任务完成得很好，那么你就应该按照制度当月兑现你给予他的奖金承诺，不要拖到下个月或者下下个月，更不能闭口不谈兑现奖金的事。否则员工的工作热情会因为出色的工作表现没有得到上司的及时肯定或者奖励而衰退。

行为和肯定性激励的适时性表现为它的及时性。员工的行为在适当的时候受到肯定，有利于他继续重复所希望出现的行为。也让其他人看到管理者是可信赖的，从而激起大家工作的热情，争相努力，以获得肯定性的奖赏。

激励的作用往往是瞬间的，表扬要及时。一旦发现你的员工表现出色，就要立即予以表扬，不要等到年末总结时再做，不要"秋后算账"，让员工能在被激励中更加鼓起干劲。管理者要具有一双善于发现的眼睛，他们往往可以在一周内就发现员工至少有一项工作具有出色之处，并予以表扬。在这样经年累月的表扬下，员工的表现越发出色，整个团队越发体现出高绩效。

有位国外名将认为在战斗中表现突出的部队，应给予及时的表彰，奖励可以立即进行，向媒体宣布；随后再办理文书工作，不能因为各种报表的填写而造成时间上的延误，致使激励的效果减到最低，那种认为"有了成绩跑不了，年终算账晚不了"的想法和做法，只能使奖励本有的激励作用随着时机的延误而丧失，造成奖励走过场的结局。

小公司的管理者要切记：激励一定要及时，否则效果就会大打折扣。在员工有良好的表现时，就应该当即给予奖励，不要等到发年终奖金时，才打算犒赏员工。等待的时间越长，奖励的效果越可能打折扣。管理者应该明白的是，激励员工，受益的不仅仅是员工，公司从中的受益更大。

▌ 竞争激励术，激起员工的好斗心

不服输的竞争心理人人都有，强弱则因人而异。即使一个人的竞争心很弱，但他的心中也总会潜伏着一份竞争意识。因为每个人都希望出人头地，其潜在心理都希望站在比别人更优越的地位上。

从心理学上来说，这种潜在心理就是自我优越的欲望。有了这种欲望之后，人类才会积极成长，努力向前。当这种自我优越的欲望出现了特定的竞争对象时，其超越意识就会更加鲜明。

明白了这一点，小公司的管理者只要利用员工的这种心理，并为其设立一个竞争对象，让其知道竞争对象的存在，就能够轻易地激发其工作热情，从而让其主动展开竞争，工作效率自然就会提高。

查尔斯·施瓦斯是美国著名的企业家，他管辖下的某个子公司的职工总是完不成定额。该公司经理几乎用尽了一切办法——劝说、训斥，甚至以解雇相威胁。但无论采用什么方法，都无济于事。也就是说，这些工人还是完不成定额。有鉴于此，施瓦斯决定亲自到该公司处理这件事。

施瓦斯在公司经理的陪同下到公司巡视。这时，正好是白班工人要下班、夜班工人要接班的时候。

施瓦斯问一位工人："你们今天炼了几炉钢？"

"5炉。"工人回答说。

施瓦斯听了工人的回答后，一句话也没说，拿起笔在公司的布告栏上写了一个"5"字，然后就离开了。

待夜班工人上班时，看到布告栏上的"5"字，感到很奇怪，不知道是什么意思，就去问门卫。门卫将施瓦斯来公司视察并写下"5"字的经过详细地讲述了一遍。

次日早晨，当白班工人看到布告栏上的"6"字后，心里很不服气：夜班工人并不比我们强，明明知道我们炼了5炉钢，还故意比我们多炼1炉，这不是明摆着给我们难堪，让我们下不了台吗？于是，大家把劲儿往一处使，到晚上交班时，白班工人在布告栏上写下了"8"的字样。

智慧过人的施瓦斯用他无言的"挑拨"，激起了公司员工之间的竞争，最高的日产量竟然达到了16炉，是过去日产量的3.2倍。结果这个落后公司的产品产量很快超过了其他公司。

施瓦斯利用人们"好斗"的本性，成功激起了公司员工之间的竞争，不仅巧妙地解决了该厂完不成定额的难题，还使工人们处于自动自发的工作状态。

竞争意识是人们渴望认同、渴望卓越的心理体现。小公司管理者要充分利用员工的这种竞争意识，有目的地为他们设立竞争目标，让他们与自己的内心设计相符，不断激发其自身潜能，让其为公司做出更大的贡献。在具体实施时，可以参考如下做法：

（1）做好岗位备份，让员工时刻感到竞争的压力。给每个员工以公平竞争的机会，每个岗位都要有一个或多个备份，不能一个岗位只有一个人能做，让员工们时刻感受到竞争的压力，要想比竞争对手做得好，就要更加努力工作。

（2）向员工暗示竞争对手的存在。比方说你告诉某一员工："你和两个人中的一个，晋升是指日可待的。"这就等于对他暗示了竞争对手的存在，如果再不努力，晋升机会就会失之交臂。

（3）为需要激励的员工设立一个竞争对象。当竞争对象不容易找到时，管理者不妨设一个竞争对象，让公司员工彼此竞争。比如跨部门设立，或寻找同岗位的兼职等。

（4）引入外来竞争对象。如果员工不思进取，而该部门的效益又不错，就果断地招聘新员工，为其设立竞争对手。如果员工在有新的竞争对象后依然不思进取，留之无益，不如辞退。

（5）用裁员推动员工主动展开竞争。对于经营状况不理想、而员工又不愿努力工作的部门，不妨向他们挑明公司裁员的打算，让他们主动展开竞争。在使用这一策略时，企管理者需要根据公司实际情况谨慎为之，不可草率行事。

▌ 参与激励术，每个员工都是老板

日本松下集团从不对员工保守商业秘密。新员工第一天上班，松下集团就会对员工进行毫无保留的技术培训。

也许有人会心存疑问，松下公司难道就不怕泄露商业机密吗？

对此，其创始人松下幸之助认为，如果为了保守商业秘密而对员工进行技术封锁，员工就会因为没掌握技术而生产出不合格的产品，从而加大公司的生产成本。这种负面影响，比泄露商业机密所带来的损失更严重。在很多公司，尤其是以脑力劳动为主的公司，其生产根本无法像物质生产那样被控制，信任是唯一的选择。

管理者必须摒弃老一套的管理方式，要增强员工的积极性和创造性，不能局限于口头上的信任，而是要尽力做到让全体员工都参与到公司的管理和经营中来。通过参与，凝聚其心，激励其人，发挥其力。如果管理者真的这样做了，一流的创意、强劲的竞争力以及令人瞩目的公司效益，都将是指日可待的事情。

位于美国佛罗里达州劳德戈尔堡的奠托拉生产线，是用来生产收音机接收器的。由于生产的需要，每个女工要在一个印刷电路板上安装大约10个零件，然后传给下一个女工。起初女工们出于新鲜干得十分起劲。但日复一日，单调重复的工作将她们的工作热情消磨殆尽。

公司总经理了解到情况后，决定亲自管理一段时间。他的第一个举措是：让每个员工组装和检测自己的接收器，并附上一张便条："亲爱的顾客，这台接收器是由我组装的，我感到骄傲，希望它使您满意，如果有什么地方不好的话，请通知我。"然后签上自己的名字，亲自将产品寄出。

不仅如此，每当厂里要做一项新的决策或准备推行某种改革时，管理者都积极邀请员工参与到新决策的制定中，鼓励他们各抒己见，对自己的每个想法畅所欲言……新的管理措施试行仅一个月，旷工和缺勤的现象就奇迹般地消失了。员工的抱怨声也没有了，取而代之的是高昂的士气和高效的工作业绩。

面对满脸迷惑的工厂经理，管理者解释说："激励成功的关键就在于让员工参与，它使员工为自己的工作感到自豪，让他们感到自己是不可替代的而不是无足轻重的。"

所以说，一个公司在做出一项新的决策时，如果做到不论职位高低、让员工平等地"走"进来参与制定，就能让员工强烈地感受到公司对他的信任。参与的权利使员工感到自己受到了重视，无形中激发出他们的主人翁责任感。而当员工认为公司是"自己的"，工作是"自己的"的时候，他们就理所当然地会全身心投入工作中去。说白了，就是"做自己的工作总比替别人做事更有干劲"。这或许也是对"参与能激励员工"的最佳诠释。

小公司的管理者要明白，在对员工进行激励时，让他们参与进来，这本身就是对他们的一种认可，他们会因为自己的参与而更加努力工作。另外，这种激励方式会让管理者的激励时效更长久。

▶ 晋升激励术，为员工搭建"天梯"

晋升激励就是将员工从低一级的职位提升到新的更高的职位，同时赋予与新职位一致的责、权、利的过程。

人通常具有永不满足、追求向上的欲望。没有谁愿意永远生活在别人的光环之下，没有谁愿意躬身谦卑、经年累月地重复着昨天，没有谁愿意一个职位做到老。可以说，只要不是平庸之辈，他都会渴望有升职加薪的机会。

渴望晋升，能够最大限度地释放出生存价值，这是每一位职业人的梦想。所谓"人往高处走"，谁不希望出人头地、名利双收，能够在职场上稳步发展或步步高升？在公司晋升管理上，提拔得当，自然可以产生积极的导向作用，培养优秀员工积极向上的精神，能够激励更多员工努力工作和增强士气。

晋升，是对员工的卓越表现最具体、最有价值的肯定和奖励方式。晋升得当，可以产生积极的导向作用，培养向优秀员工看齐的、积极向上的公司文化精神。但提升还应讲求原则，注重评鉴方法，不能仅凭上级个人的喜好滥用人事权力。

那么，晋升员工的依据是什么呢？一般情况下，对员工的职位进行提升的标准是员工的工作业绩。这是最重要的晋升依据，其余条件都相对次要。一个人在前一个工作岗位上的表现情况，可以作为预测其将来表现的指标。管理者切忌将员工的个性、是否受自己赏识作为晋升的依据。

晋升的目的是要发挥员工的才能。这也是最为公正和实用的办法，不但能堵众人之口，服众人之心，而且能堵住"小门或后门"，让众多"关系"失效，还可以避免员工有意无意间的钩心斗角。

这个道理虽然简单明了，可是许多小公司的管理者往往做不到。主要是因为管理者在用人习惯上喜欢跟着感觉走，以致失去了判断力。很多时候，管理者晋升一个员工往往是因为自己喜欢他的性格和作风。比如以下三种情况：

（1）管理者是快刀斩乱麻型的人，他就愿意晋升那些做事干脆利落的员工。

（2）管理者是十分稳当型的人，他就乐意晋升性格审慎小心的员工。

（3）管理者是心直口快型的人，他就不喜欢提升那些说话婉转、讲策略的人。

另外还有一点，管理者普遍喜欢晋升性格温顺、老实听话的员工，对性格倔强、独立意识较强的员工大多不感兴趣。这样的结果，很可能造成用人失当。现实情形是，被晋升者很听话，投领导脾气，工作却不会有多大起色，而且会让有真才实学的员工得不到重用。

小公司的管理者在晋升员工时，千万要记住：不管喜欢也好，不喜欢也好，员工的个性乖戾孤僻也好，温顺柔和也好，都不必过多地考虑。要把注意力集中在他们以往的工作业绩上，也就是谁的工作业绩好，谁就是晋升的候选人，这是最好的说服力基础。固然，在实际操作和权衡方面，还应考察员工的品格和相关项目及要素，但以业绩为导向来晋升员工，确实有更大激励性和引导力。

注重员工现在的工作表现，预测员工的未来，以业绩为导向来晋升员工，但应注意在管理过程中要公正明确地系统考评，并以公正的考评为依据，以员工的需求为基础。这包括将员工的知识、技能、经历、态度等在工作岗位上加以价值量化，通过绩效考评，从而形成内外持续激励机制。

▶ 薪酬激励术，喂好员工的"胃口"

激励的形式分为精神的和物质的。精神激励用以满足"心理上的需要"，物质激励用以满足"生理上的需要"。由于物质是人类生存的基础和基本条件，衣食住行是人类最基本的物质需要，从这种意义上说，物质利益对人类具有永恒的意义，是个永恒的追求。

现代心理学理论认为，人类的行为是一个可控的系统。借助于心理的方法，对人的行为进行研究和分析，并给予肯定和激励，使有利于生产、有益于社会的行为得到承认，达到定向控制的目的，并使其强化。这样就能维持其动机，促进这些行为的保持和发展。

金钱是物质激励中最主要的一种形式，这是一种间接满足需要的方式。从某种意义上说，金钱不仅属于物质需要的满足，而且也是精神需要的满足。这是因为它还能作为地位的标志、自尊的依据和安全的保障。

一些外国公司对金钱激励是十分重视的，认为这是激发人的动机、调动积极性的重要手段。在瑞典某调查机构"最受MBA欢迎的50家公司"的调查报告中，宝洁公司榜上有名。无独有偶，在一份"最受中国大学生欢迎的外企"的调查报告中，宝洁公司依然名列前茅。宝洁公司如此受雇员的青睐，其中一个重要的原因就是宝洁公司为员工提供了比较有竞争力的薪酬。每年，宝洁公司都会请国际知名的咨询公司做市场调查，内容包括同类行业的薪酬水平、知名跨国公司的薪酬水平等，然后根据调查结果及时调整薪酬水平，从而使宝洁的薪酬具有足够的竞争力。

公司不仅仅要事业留人、感情留人，更需要金钱留人、福利留人。薪酬能提供一种保障，能够给员工一种宽慰，这就好比农民有一片好土地，在风调雨顺的时候，可以保证他能有一个好的收成。只有能够满足员工的基本生活需要的薪酬才能让员工感到安全，才能把员工留在原有岗位上继续工作，否则，员工就不得不考虑选择另外的工作。

因此，如何让员工从薪酬上得到满足，是小公司的管理者应当努力把握的课题。管理者应该为员工提供有竞争力的薪酬，使他们一进门便珍惜这份工作，竭尽全力把自己的本领都使出来，支付最高工资的公司最能吸引并且留住人才。这对于行业内的领先公司尤其必要，较高的报酬会带来较高的满意度和较低的离职率。总之，一个结构合理、管理良好的绩效付酬制度，能有效留住优秀的员工，淘汰较差的员工。

情感激励术，点燃员工的激情

对于绝大多数人来说，投桃报李是人之常情，管理者用感情来打动员工，得到的回报就更强烈、更深沉、更长久，往往能达到金钱所不能达到的效果。

石家庄市第二棉纺厂是市级先进企业，该企业的规章制度非常严格。有一次，厂里一位平时表现非常好、工作成绩突出的女工在一个月内旷工五天，并且连续迟到早退，受到厂里的处罚，被扣一个季度奖金。她的情况引起了厂领导的注意。

经过调查，领导发现：这位女工与其老母亲相依为命，生活窘迫。一个月前，她的母亲得了急病而又无钱去医院治疗，只好在家中休养。她在工作时时牵挂母亲的病情，经常没到下班时就回家照顾母亲，有时来不及请假，所以导致旷工。

厂领导得知具体情况后，立刻召开全厂职工代表大会，取消对她的处罚，补发停发的奖金，并从企业困难职工基金中拿出一部分钱，由厂领导和职工代表亲自前往女工家中看望。厂领导拉住女工的手，诚恳地说："厂里不知道你的情况，让你受苦了！"在场所有的人都感动得流下泪水。职工们激动地说："有这样的好领导，我们何其幸运。"

作为管理者，一定要不断地给予员工精神支持，多关心员工的家庭和生活，急员工之所急，想员工之所想。当你以真诚去对待员工时，员工自然会以真诚来回报你。

▌ 精神激励术，给员工注入一针强心剂

人不是仅仅围绕物质利益生活，每个人都有精神需求，有互相交流感情的需要。

精神激励，是从员工的精神需要出发，通过关心、尊重、信任、树立目标感等手段去满足员工各种精神上的需求，从而激发员工的工作热情，达到激励的效果。

有位小公司的老板接到一单任务相当重的业务，客户要求必须在半天内把一批货搬到码头上去，而老板手下只有十几个员工，半天之内很难完成。

为了解决这个问题，老板苦思冥想一夜，第二天一早，他亲自下厨做饭。饭做好了之后，老板把饭给员工盛好，而且还亲手捧到他们每人的手里，把饭给每个员工时，老板脸上都摆出一副极有深意的表情。

一个姓刘的伙计率先接过饭碗，拿起筷子正要往嘴里扒时，一股诱人的香味儿扑鼻而来。他急忙用筷子戳开一个小眼儿，发现竟然有三块油光发亮的红烧肉躺在米饭下面。他终于明白了老板看自己时那意味深长的表情，于是立即转过身，狼吞虎咽地吃起来。一边吃他一边想：老板真是看得起我，

今天我一定要多出点力！于是那天干活的时候，他一改往日懒散，把货装得满满的，一趟又一趟来回飞奔，汗如雨下也不顾得擦。整个上午，其他伙计也都和他一样卖力，所以一天的活，只一个上午就干完了。

老板为什么要单独在每个人碗底放红烧肉，而不是端在桌子上大家共分享呢？红烧肉单独放在每个人碗里产生的激励作用，与放在桌上共享的激励作用，究竟哪个会更大一些呢？很显然，故事中的老板这么做，意在激励每一个人，而那位老板的做法妙处在于，他让每个员工都感到这份激励只是针对自己，如果这碗红烧肉放在桌子上让大家去夹着吃，那大家就不会如此感激老板了。正面想一想，老板的这种做法其实也是一种很精明的精神激励手法。对于管理人员来说，怎样让大家吃红烧肉而且吃得有劲头，是个永恒且常新的话题。

作为员工，每个人都渴望得到精神激励，在获得有效激励的时候，他们都会因为这种激励而产生自豪感、成就感。从表面上看，老板给了所有员工三块红烧肉作为物质激励，但是事实上，老板给予员工的是精神上的激励，这种激励使员工意识到自己"与众不同"，为了感激老板的高看，他们自然会认真"卖命"、愿意"为知己者死"了。

作为一位管理者，要用良好的工作环境传达关爱之情，有亲自为员工端茶倒水的思想，抓住给员工雪中送炭的时机，真正了解员工的生活。要知道，无薪的精神激励更能体现出管理者的领导能力和公司管理水平。

精神激励，是让员工有一种生死相许的"软投资"，管理者要在一点一滴中体现关爱，让员工因为满足而产生报恩的心。精神激励是激发员工积极工作的一种形式，比起物质激励，这种精神激励更能满足员工高层次的需求，可以使员工充分发挥内在的潜力，激发工作的士气，从而提高工作效率。

▼ 赞美激励术，让员工乐于效命

美国玫琳凯公司总裁玫琳凯·艾施女士曾说过，世界上有两件东西比金钱和性更为人们所需，那就是认可与赞美。金钱在调动下属的积极性方面不是万能的，而赞美却恰好可以弥补金钱在这方面的不足。

韩国某公司的一个清洁工，本来是一个最容易被人忽视、最容易被人看不起的角色，但就是这个人，在一天晚上发现公司保险箱被窃时，与小偷进行了殊死搏斗，最后保护了公司的财产。事后，大家为他庆功时，问他的动机，他的回答却出人意料。他说当公司的管理者从他身旁经过时，总会赞美他："你扫的地真干净。"

这么一句简简单单的话，使员工深受感动，把自己全身心奉献给了公司。这也正合了中国的一句老话："士为知己者死。"

赞美的力量是不容忽视的，有时甚至比金钱更重要。把赞美运用到公司管理中，往往起到意想不到的激励效果。作为领导，首先应该明白自己员工的心理，其次学会赞美下属。

生活中的每一个人都有自尊心和荣誉感。你对他们真诚的表扬与赞同，就是对其价值的最好承认和重视。能真诚赞美下属的管理者，能使下属的心灵需求得到满足，并能激发他们潜在的才能。

赞美对于提高员工的自信有着神奇的功效。赞美员工每一点小小的成绩都会激发他的自信心，员工会更加努力，更有勇气去尝试，如此积累，将来员工必然能取得很大的成功。

作为管理人员应当懂得，每一个员工都需要赞美来保持自信。如果你愿意，你总是可以找出无数的机会，来夸奖你的部下，发自内心地称赞他们，会使他们死心塌地地跟随你。

在公开场合赞美员工是激励员工的极佳方式。每一个人在内心深处都渴望别人的赞美与夸奖。"千穿万穿，马屁不穿"，从某种程度上来讲，正是至理名言。每一个人在数百甚至数千人的注视下，走到领奖台上领取奖章、鲜花或是证书都会有一种很奇妙的感觉。每一个人发现自己的名字出现在本公司刊物里的奖励名单里，都会感觉良好。"原来我也可以很有名的"，这种被大众所承认的感觉要远比几十块的奖金更加激动人心。

身为小公司的管理者，要经常在公众场合表扬有佳绩者或赠送一些礼物给表现特佳者，以资鼓励，激励他们继续奋斗。一点小投资，可换来数倍的业绩，何乐而不为！

▰ 随时随地对员工进行激励

作为全球著名日化公司，宝洁公司的激励措施非常完善，既有荣誉激励，如邀请员工参加各种决策，授予荣誉称号，书面、口头和大会表扬等，还有如提升工资，给予住房、股票等物质激励。此外，公司还设立了一个25%的员工都可以获得的特殊奖励。在获得该奖项后，员工的上级经理就会根据员工的喜好给他奖励。例如，喜欢看戏的员工会获得戏票；喜欢美食的员工会得到出去大吃一顿，回来报销的奖赏等。这项既充满个性又非常人性化的奖励，使员工直接感受到了公司管理者对自己的密切关注，拉近了员工和公司间的距离。

事实上，激励员工贡献的方式有很多种，管理者可以在每天工作结束前花上一分钟的时间写个便条，对表现好的员工表示称赞；也可以通过走动式管理的方式观察员工，对表现好的员工及时鼓励；或者抽空和员工一起吃个午餐、喝杯咖啡。

美国一家名为柯林斯的公司，专门生产通信、电子领域的高科技产品。创业初期，举步维艰，在产品研发过程中时常碰到久久不能解决的技术难题。

有一次，公司的研发部门被一个技术问题整整困了两个星期，所有的人都为此感到焦急。公司老板给技术研发部门如此训话：如果继续这样下去，公司的生存就会成大问题。

一天晚上，正当公司老板还在为此大伤脑筋的时候，产品研发部的一位技术人员急急忙忙地闯进他的办公室，大声喊道：我找到解决办法了。老板一跃而起，听完这位技术人员的阐述后，豁然开朗，并立即决定给予这名员工嘉奖。

可是，嘉奖什么呢？他在办公室找了半天，只找到了午餐时剩下的一个苹果。他激动地、毕恭毕敬地把这个苹果送给了这名员工，真诚地说："您辛苦了，请休息一下！"尽管这个奖品极其平常，但这个员工却深受感动——他觉得自己的努力获得了足够的尊重。

这个事情在公司内部传开后，所有的员工都很受鼓舞，工作积极性和主动性得到了彻底激发。由于不断推出科技含量更高的新产品，该公司成为当年美国最受行业关注的"后起之秀"公司之一。

一个小小的苹果，也可以让员工倍感欢悦，认为自己的付出得到了尊重。可见灵活激励的重要性。"世界第一CEO"杰克·韦奇说："我的经营理论是要让每个人都能感觉到自己的贡献，这种贡献看得见，摸得着，还能数得清。"

著名的思科公司也非常重视用奖励机制来留下人才。在设置薪酬时，思科会进行全面市场调查，确定员工的底薪不是业界中比较高的，这样，既不会造成公司运营成本过高，也不会因低于行业标准而影响员工的积极性。

调动员工更大积极性的是思科丰富多样的奖金，思科希望员工的收入能够与其业绩更多地挂钩，于是他们以奖金来激励员工。思科的薪酬设置大约分为3部分：销售奖金（销售人员）、公司整体业绩奖金（非销售人员）、期权（全体员工）。

思科还设有名为"CAP"的现金奖励，金额从250~1000美元不等。一个具有杰出贡献的思科员工，可以由提名来争取奖励。一旦确认，这名员工就可以及时拿到这笔现金奖励。另外，每季度的部门最佳员工都会获得国内旅游的奖励。

当员工完成了某项工作时，最需要得到的是上司对其工作的及时肯定。所以，作为管理者不要吝啬你的信任和赞誉，尤其是在公开场合，经常激励你的部下会使他能够点石成金，随时处于亢奋状态，做起事来事半功倍。

激励的内容不在大小，小公司的管理者可参照上述公司的做法，多花一些心力，采取灵活的方式及时地对员工进行激励，让员工从你的激励中得到莫大的鼓舞和安慰，加倍地努力工作，从而使工作业绩大幅上升。

第七章

薪酬管理：

鞭打快牛，给员工合理报酬

　　天下熙熙皆为利来，天下攘攘皆为利往。无论大公司还是小公司，公司与员工的本质关系最终都会定格为交易关系——员工用自己的劳动和时间交换企业所提供的回报——而薪酬是回报的最主要表现形式，如果企业的薪酬设计不符合员工的期待，所有的温情脉脉都成了无木之本。

　　创办小公司是为了获取利润，员工到小公司工作是为了获取收入，薪酬管理对于小公司的重要性不言而喻，合理的薪酬制度不但能调动员工的积极性，还能够提高员工的忠诚度。

关于薪酬的那些事儿

小公司在制订薪酬计划前，必须弄清楚薪酬的一些概念，这也是薪酬管理的基础，小公司可以根据自身情况进行自由组合。

1. 基本薪酬

基本薪酬是指企业根据员工所承担或完成的工作本身抑或者员工所具备的完成工作的技能或能力，而向员工支付的相对稳定的经济性报酬。在通常情况下，企业是根据员工所承担的工作本身的重要性、难度，或者对企业的价值来确定员工的基本薪酬的，即采用职位薪资制。此外，对于一些特殊员工，还根据他们完成工作的技能或能力高低来确定基本薪酬，即采用技能薪资制或者能力薪资制。在国外，基本薪酬往往有小时工资、月薪和年薪等形式，在中国的大多数企业中，基本薪酬往往以月薪为主，即采用按月发放固定工资的付薪方式。

2. 可变薪酬

可变薪酬是与绩效直接挂钩的经济性报酬，也称为浮动薪酬或奖金，与可变薪酬相关的绩效既可以是员工个人的业绩，也可以是企业中某一业务单位、员工群体、团队，乃至整个公司的业绩。由于可变薪酬与绩效有着较为直接的联系，因此，可变薪酬对员工有较强的激励性，对于企业绩效目标的实现起着非常积极的作用。

3. 津贴

津贴往往是对员工工作中的不利因素的一种补偿，它与经济学理论中的补偿性工资差别相关。比如，企业对于从事夜班工作的人，往往会给予额外的夜班工作津贴；对于出差的人员，也往往会给予一定的出差补助。常见的津贴形式包括矿山井下津贴、高温津贴、野外矿工津贴、林区津贴、山区津贴、驻岛津贴、艰苦气象台站津贴、保健津贴、医疗卫生津贴等，此外，生活费补贴、价格补贴也属于津贴。

4. 福利与服务

福利或服务一般包括非工作时间付薪、向员工个人及家庭提供的服务（如儿童看护、家庭理财咨询、工作期间的餐饮服务等）、健康及医疗保健、人寿保险以及法定和企业补充养老金等。对于企业和员工而言，福利这种薪酬支付方式有着独特的价值：

第一，由于减少了以现金形式支付给员工的薪酬，因此，通过福利可以达到适当避税的目的；

第二，福利为员工将来的退休生活和一些可能发生的不测事件提供了保障；

第三，福利也是提高员工购买力的一种手段，它使得员工能够以较低的成本购买自己所需的产品，如健康保险、人寿保险等。

在中国企业的市场化改革过程中，为了改变企业办社会的局面，中国很多的企业曾经大幅度削减提供给员工的福利，将福利转变为一定的货币报酬。但现在越来越多的企业意识到福利对于企业吸纳和保留人才的重要性。现代薪酬设计中的福利相对于传统中的福利项目有了很大的改进——带薪休假、健康计划、补充保险、住房补贴已经成为福利项目中的重要形式，而且很多企业还根据员工的个人偏好提供了自助餐式的福利计划，这种新兴的福利形式获得了广泛的认可。

5. 股权

股票期权主要包括员工持股计划和股票期权计划。员工持股计划主要针对企业中的中基层员工，而股票期权则主要面向企业的中高层管理人员、核心业务和技术人才。员工持股计划和股票期权计划除有着长期报酬的属性外，还将员工的个人利益与组织的整体利益相连接，优化了企业的治理结构，可以说是现在企业动力系统的重要组成部分。

◤ 小公司薪酬管理的5大原则

生活中，很多小公司都未能建立起合理的薪酬制度，后果是无法充分调动员工的工作积极性，甚至产生内部矛盾。这是因为有些小公司老板仅凭谈判情况与以往经验确定员工的薪资标准，缺少科学性，致使企业员工薪酬标准不统一，在进行薪酬决策时，主观因素作用大。因此，我们在这里给出薪酬管理的5个基本原则，小公司可以结合自身情况做薪酬设计。

（1）公平原则。薪酬制度制定后并不是长期不变的，小公司可以定期对员工的薪酬进行调整，但是一定要注重体现公平性，这本身就是对员工一种很好的激励。这里面就包含内部公平性中的内部相对公平原则。

外部竞争性。员工作为劳动力市场上交易的个体，自然会按照市场交换原则追求自身利益的最大化，因而他们会不自觉地将本人的薪酬与外部劳动力市场上从事类似工作的员工所获得薪酬进行对比，从而产生满足感或者失衡感，如果他们感觉自身的薪酬水平低于外部劳动力市场的水平，便可能蠢蠢欲动，产生跳槽的动机。因此企业在制定薪酬决策时，最好不要闭门造车，应该事先进行薪酬调查，避免员工产生强烈的不公平感。

内部一致性。所谓的内部一致性，就是公司内部不同职位（或者技能）之间的相对价值比较问题。在公司内，员工常常把自己的薪酬与比自己等级低的职位、等级相同的职位以及等级较高的职位上的人所获得的薪酬进行对比，然后根据对比结果判断企业支付给自己的薪酬是否公平合理。内部一致性会影响员工的工作态度、晋升愿望、工作岗位轮换倾向以及与其他员工合作的心意，从而影响对企业的承诺度。公司可以通过职位评价来强化员工对薪酬的内部公平性的认可。

（2）薪酬与绩效挂钩原则。绩效薪酬属于浮动薪酬的组成部分，主要作用就在于激励性，而将员工的薪酬和绩效挂钩，多劳多得，这样就能充分实现企业薪酬激励的作用，避免激起一部分高业绩员工的愤怒。

（3）薪酬差距合理原则。这是很多小公司在做薪酬设计时都容易犯的一个错误，我们说对于核心员工应该给予较高工资，但是一定要注意差距合理，过大的差距和过小的差距都是不合理的，适当的差距可以激发员工的竞争意识，这有利于激励作用的发挥。

（4）福利影响原则。福利也是薪酬管理的一部分，所谓薪酬福利，不仅仅只有薪酬才有激励作用，福利同样不能忽视，福利花样繁多，不一定要花很多钱才能实现。

（5）长期激励原则。企业要做好薪酬激励，需要拥有长期的激励措施，年终奖，或者是目前很多公司都在实施期权和股权的激励方式都是可行的，而且这种方式的效果是非常好的。

▼ 薪水不仅仅是一定数目的钞票

很多小公司老板并没有完全理解薪酬的意义，因此对薪酬管理也没有真正重视起来，很多小公司老板往往只是简单地做一下外部比较，就确定了员工工资，结果在实际运营中遇到了很多问题。

有一家小公司，虽然是新创业不久的小公司，但因为属于医药行业，利润还是很客观的，公司的工资、奖金、福利在同行业中都属于较高水平，但员工跳槽的事情却时有发生，而在职员工的工作积极性也不高。经过领导的调查，发现问题出在薪酬结构的设计和薪酬体系的不合理上。

第一，薪酬制度内部不公平，公司重视管理层，给中层管理层的平均薪水比基层管理层平均薪水高出数倍，而基层管理层的平均薪水与普通员工的平均薪水没有多大的区别。然而，基层管理层的人却承担了更大的责任和工作压力。造成了基层管理层人才的流失。

第二，薪酬设计没有竞争性。虽然公司之中也有考核制度，但是，考核只是一种形式，并没有与员工的薪水联系起来。对于员工来说，干好干坏一个样，考核成绩好坏也一样。

在员工心目中，薪水不仅仅是一定的钞票数目，还代表了他的身份、在公司的地位、个人能力等。在公司之中实行合理的薪水制度才能发挥薪水的作用，而当薪水制度不合理时，就算公司给员工的工资再多，薪水也无法发挥它的作用，无法激励员工努力工作。

打造一支具有战斗力的团队，令团队具有较高的执行力，薪水的作用不可小觑。从上面的例子来看，设计合理的薪水制度，比发出更多的薪水更重要，更能发挥薪水的作用。

薪酬保密制度与薪酬透明制度

到底应该实行员工薪酬保密制度，还是应该将员工薪酬公开透明化呢？很多小公司老板也说不清哪个方案更好。那么，我们就来做一下比较。

薪酬为员工满足物质生活提供了必要条件，也是员工获得自我认同和公司地位的一种外在证明，正因如此，薪酬在激发员工工作热情方面起着不可小觑的作用。如果员工认为自己的努力与付出受到了公司公平的对待，他们便会更愿意为了公司的发展而奋斗。然而根据“公平理论”的观点，员工内心的公平感并不取决于薪酬的绝对值，而是取决于薪酬的相对值。他们乐于把其他同事作为比较对象，如果他们认为一个同事能力不如自己、学历背景稍逊自己、对于公司的贡献也没有自己大，公司支付给他的薪水却大于自己的所得，他们便会心生不平，对公司产生怨恨情绪。因此，很多公司索性把员工的薪酬视为不能说的秘密，公司刻意向员工隐瞒其他员工的薪资水平，也要求员工不要把自己的薪酬告诉他人，以此避免员工由于对比而产生不公平心理。

可是，心理学中有一个术语叫“禁果效应”，指的是越是禁止的东西，人们越要得到手，这与人们的好奇心与逆反心理有关。薪酬作为公司内部的敏感话题，即使员工无法从正常渠道获知他人的薪酬，他们也会试图通过其他渠道积极打探，这反而助长了员工的好奇与窥探的心理，使员工彼此之间相互猜忌，导致公司内部关系紧张。倘若他们私下获知自己的薪资水平不如自己的同事，更加会心生不平，认为自己受到了公司领导的欺骗，以消极怠工的形式对公司的不公平制度默默反抗。由此可见，保密薪酬制度在实际执行的时候，总会无端地增加很多负面的影响，并不如管理者所料想的那样万无一失。

相较保密薪酬制度，公开发放薪酬增加了公司管理的透明度，将"多劳多得、少劳少得"的激励原则明确地传达给了公司所有的员工，使员工深知公司的薪酬制度，增加了员工对公司的信任感和忠诚度。同时，每一份工作都明码标价，也促使员工为了获得更高的薪水而积极地规划自己的职业生涯，间接地提高了员工的素质。当然，公开发放薪酬也有无法避免的弊端，按照人的正常心理模式，人们总是惯于高估自己、低估他人，当员工对所有人的薪酬都心知肚明时，薪酬对比变得更加容易，他们常常会觉得某一个员工不如自己却领取着较高的薪水，进而觉得自己没有得到真正的赏识与尊重。

由此可见，秘密发放薪酬与公开发放薪酬两者都不具有绝对的优势，按照"权变"的观点，小公司老板应根据公司的文化特征、团队的成员结构、员工的职务设计变通的、不同的薪酬发放模式，将两者灵活地结合起来，比如，在公司内部并不公开每一个职员的具体薪金数额，而是公布不同数额范围内的职员人数及薪金的平均值。

▼ 奖金的发放大有讲究

很多小公司为了提高员工的积极性，还会设置奖金，但是奖金如何发放，这里面就大有学问了。奖金发放的方式好，员工可能会加倍感激，工作起来更卖力。

我们来看一个例子：

某公司年底给员工发放年终奖时，按评估某位销售员应得到10万元的奖励，不过他并不知道。

经理将这名销售人员请入自己的办公室，然后拿出5万元给他，说：

"你一年的表现非常好，咱们公司虽然刚刚起步，盈利有限，但是公司决定奖励你5万元。"看到比平时工资多出数倍的钱，销售员非常高兴，他谢过经理后，站起来准备出去。经理又说：

"这一年你太太刚生了孩子，却默默地支持你工作，不让你因为家事分心，公司对此非常感激，我代表公司给她也发点奖金，3万元。"说完从抽屉里拿出3万元，交到销售员手中。销售员脸上露出了感激的表情，他说：

"谢谢经理，我的爱人和孩子一定会非常高兴。"说完，他又一次准备转身离开。经理又说：

"我知道你的父母已经年迈，你牺牲了照顾他们的时间用来工作，并取得了如此好的成绩，与他们的理解是分不开的。因此，这2万元请你替公司转交给他们。"经理边说边从抽屉里取出2万元交到销售员手中。这时，销售员已经眼含热泪，他接过2万元钱，不知说什么好，只是下决心以后一定要更努力地工作。

第二年，这位销售员的业绩更加突出。

在员工最需要钱的时候，以公司的名义予以奖励，将对员工的工作起到巨大的激励作用，也能提高员工对于企业的忠诚度。大部分人总是懂得知恩图报的，当你代表公司出面，在他最需要钱的时候，告诉他：公司知道他的困难，鉴于他以往为公司做出的贡献，公司决定除工资外再给他多少多少奖励。这样，为了报答你雪中送炭的恩情，这位员工在将来的工作中必定勇往直前。

奖金是没有生命的钱，真正赋予它作用的是发奖金的人。

▼ 三个人拿四个人的钱干五个人的活

在公司经营中，付给员工的薪水也在总成本中占据着相当的比重，因此一些老板总是以为付给员工的薪水越低，公司的成本支出也越少，自己在与员工的博弈中也赢得越多。然而，低薪的逻辑并不完全如此。

因为，这种薪酬思维方式混淆了人工工资率与人工成本的区别，人工工资率是员工在单位时间内所获得的报酬，如每小时薪水为200元人民币便是人工工资率的表达方式；人工成本则是公司在生产经营中由投入劳动力要素所发生的一切费用，需要将生产率的因素考虑在内。因此，如果公司经营者付给员工的薪水较低，薪水的数量达不到员工的期望，员工的士气便会降低，导致员工只提供少量的、低质的劳动成果，对经营利润的获得会产生负面影响。

再者，较低的薪水还会导致公司吸引不到能力较强、技术专精的人才，因此公司不得不聘用能力较低的员工，这自然会对劳动生产率的提高造成不利影响。

因此，从根本上说，低薪策略非但没有使公司的人工成本降低，反而增加了人工成本的支出量。比如，某个小公司拒绝了一位月薪要求为8000元的高技术人才，选择一位月薪要求为5000元的技术不那么专精的人，从表面上看，虽然相较前者，雇用后者节省了公司成本的支出，但是前者的劳动生产率是后者的两倍，完成同样的工作，公司需要雇用两个月薪要求为5000元的人，由此来看，公司的人工成本非但没有减少，反而增加了。

对于大多数人而言，获得薪水是工作的最主要原因，如果公司从成本的角度考虑，付给员工较低的薪水或者采取缩减薪水的策略，便会挫伤员工的工作积极性，使公司很难实现相对较高的公司绩效。低薪策略并不能为公司建立起长久有效的竞争优势，公司经营者在决定是否将更多的钱放进员工口袋前，首先应明白这样一个道理：关于薪酬的给予，重要的不是付给了员工多少薪水，而是员工能够为公司创造出什么。

任正非曾经提出"三个人拿四个人的钱干五个人的活"，这也是华为薪酬设计的逻辑，希望也能对小公司老板们有所启发。

▉ 适度拉开差距，给核心员工高工资

在谈到这个问题时，我们先要明确什么样的员工是核心员工？

核心员工是指掌握企业关键技术、精通企业核心业务、控制企业重要资源、具有特殊经营才能的员工，这些员工是企业价值创造的主要力量。通俗地说，就是岗位价值高，业绩好，能力强。

首先说岗位价值。对岗位价值而言，各个公司要根据自身的情况进行判断。比如对于一些产品销售型公司来说，市场开发及销售岗位就是公司的关键岗位，这些岗位也应该成为公司关注的重点。

其次说业绩。核心员工应该能够长期保持较高的业绩，在岗位上为公司提供高质量的产出。

最后谈谈能力。较强的能力是核心员工的必备素质，这种能力可能会体现在很多方面，而且还具有进一步开发与提升的潜能。

美国经济学家舒尔茨曾经做过这样的统计：对一个公司来说，物力投资增加4.5倍，利润相应增加3.5倍；而人力投资增加3.5倍，利润将增加17.5倍。人是各种生产要素中最具有创造力的要素，高素质的核心员工更是如此。

因此，如何留住核心员工，并且激发核心员工的活力，对于小公司来说就非常重要了。我们知道很多小公司经营风险高，职位稳定性差，职位发展空间有限，就业环境的吸引力不大。这是小公司的特点，我们必须直面这一点。也因为如此，我们要更加注意从外部吸引优秀人才，从内部稳定核心员工，除了帮核心员工做好职业规划，加强沟通，合理的薪酬策略也会对用人留人非常有帮助。

在薪酬设计中，可以适当向核心员工倾斜，为核心员工提供丰厚的薪酬，与普通员工拉开一定的差距。这种高薪不仅表现为比本公司的普通员工薪水高，而且应不低于人才市场上该岗位的平均水平。

除此之外，每隔一个季度或一年，还应该对公司核心员工管理的现状进行评估：核心员工的出勤率、业绩情况是否有较大的改变，公司能否吸引到外部的优秀员工加入本公司，同业其他公司在核心员工管理上有什么新动向，市场平均薪酬是否上涨，本公司是否采取了对策等。然后根据评估情况，不断完善各项管理工作。

第八章

结果管理：

拿结果说话，靠结果生存

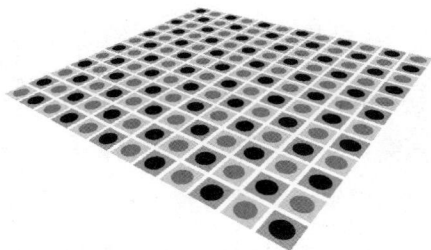

生存是小公司始终关注的话题。小公司要能够生存，就必须有效益。有效益，就有钱粮。有钱粮，大家才有饭吃。而这都来自员工的工作结果。员工工作没有结果，公司就没有效益，最后只能是关门大吉。

小公司管理者必须牢牢把握"以结果为导向"这一准则，强化员工的效率意识，加强对员工的绩效考核，论功行赏，优胜劣汰。员工奉献更多更好的工作结果，公司经营就会"芝麻开花节节高"。

▶ 指明方向，别让员工整天瞎忙

众所周知，要想做成某件事，就得有个明确的目标——一个要瞄准射击的靶子。同样的道理，小公司要想获得稳定和长远的发展，也要有个明确的目标，一个你和你的公司员工为之努力奋斗的方向。没有方向，管理者就不知道该带领员工往何处去，还会为此浪费大量宝贵时间。

员工需要有人给他们提供生活和工作的目标和重点。如果他们看不到生活中美好的东西，就会茫然无措，丧失信心。工作中也是如此，如果他们看不到目标，就会漫无目的、迷失方向，工作起来就会懒懒散散，就不能集中精力，效率非常低下。

管理者是团队的"头儿"，他的职责是统一全体员工的意见和行动，并为他们确立目标，提供行动的方向。所谓"领导"，就是要为员工们"指导方向"，"领而导之"。只有这样做，方可称得起"领导"！但有些管理者并不明白这一点，他们不懂得"目标是管理的基础"这一道理，他们自以为自己的下属们对于要干什么已经很清楚了。可是，当你到他们的公司里去，问那里的职工他们的工作是什么，你会惊异地发现，他们的回答与他们的"头儿"所讲的十有八九不是一回事。其实，对那些管理者来说，要让下属们干什么，这个底心里还是有的。只是他们懒得以通俗易懂的方式把底和盘托出给下属们。这就使下属们对自己行动的目标莫名其妙、糊里糊涂。所以，管理者们应当为下属们确定目标，并把自己的意图明明白白地传达给他们，这是一种令人鼓舞的方式，是协调工作的基础。

毋庸置疑，目标对每一个人都是非常重要的，目标对于每一个公司来说都必不可少。目标有多种功能。当员工是新手，或对特定的工作尚不了解时，清晰而具体的目标可以让他们少走弯路。目标还能使员工很快明确工作的内容及先后顺序。有经验的员工则可以将清晰的目标当作制订工作计划、明确工作责任的基础。目标的制定不仅要考虑工作本身，还要考虑员工的经验与能力，以及员工之间的关系。

作为小公司的"头儿"，管理者要将公司的远景目标转化为让公司的全体员工可以实现的具体目标，并为团队中的每一个人指明方向。

管理者需要不断向员工提示和警告，需要为他们指引方向，需要让他们明白事情的重要性，需要让他们弄清事情的真相，需要让他们明白自己的工作与其生存和成功紧密相连，还需要表明他们的贡献有多大，需要承认他们在公司中所处的地位，需要让他们看到自己的将来。

你应当每隔一段时间（如3个月）和员工坐下来，共同描述一下整个部门以及每个人将来的工作前景，这是十分重要的。这幅蓝图就是整个部门工作的重心，也是你为员工提供的一个明确方向。称职的管理者能根据自己公司的前景目标确定自己团队的工作方向。另外，他们还会向员工表明，除完成公司确定的目标外，他们还期望员工做些什么。

当你为员工确定了具体的方向以后，也许他们自己最清楚以何种方式才能达到你所确定的目标。当出现问题时，你还必须做一下适度的调整，要保证你所确定的前景目标是你和员工最大限度的目标。

面对前方的路，作为管理者你要一步步地走。如果你想一步登天，转眼就实现总体规划，那你就陷入了空想之中。你要做很多的事，完成一个又一个的小目标，才能实现梦想。小目标的分设，使你能合理地将团队分成若干小兵团作战，继而发动总攻，大获全胜。

目标是指路明灯。有了目标，你就能集中精力，带领大伙直奔前方。

▌ 将效率意识植入员工的大脑中

如果员工不能在单位时间内完成相应的任务，就不能更好地体现出公司本来或预期的价值。也就是说，只有员工的效率高才有可能产生高的公司利润。而要员工高效率地产出，就必须强化员工的效率意识。

那么，小公司的管理者应该怎样强化员工效率意识，增加公司利润呢？

1. 选择合适的人进行工作决策

在对工作进行决策时，应该选择有相当技术能力或业务能力的员工来完成。

2. 给员工思考的时间

如果管理者不给员工一些思考的时间，也很难让他们做好自己的工作。管理者要鼓励员工在工作时多动脑子，勤于思考。

3. 搞好团队协作

将员工的工作成果共享，是一个很重要的问题。对一些工作成果资料要妥善分类和保管，这也能达到共享工作成果的目的。

4. 让员工整体把握工作

让员工了解工作的全部，这将有助于员工对工作的整体把握。员工可以更好地将自己的工作与同事的工作协调一致。

5. 强调工作结果

管理者应该鼓励员工的工作结果，而不是工作过程，应该鼓励员工用最简单的方法来达到自己的工作目标。总之，工作结果对公司才是真正有用的。

6. 充分发挥办公设备的作用

许多工作，可能是因为电话、传真机等办公设备出现故障而耽误，无法提高工作效率。

小公司能否生存下来并获得发展，是否具有竞争力，一个重要的标志就是高效率。公司所有的决策、计划和目标都要靠员工来执行，管理者要想提高公司效率，就要注重强化员工的效率观念，注重检查各项工作的成效。

▌ 工作就要以结果论成败

无论做什么，到最后都只能拿结果说话，这是衡量工作能力的最直接的证明。评价每个人工作好坏的标准是拿结果说话，要实现自我发展就必须拿出业绩，其他的一切都没有说服力。

公司考核员工的标准只有一个，那就是——业绩。唯有业绩才能体现一个员工的价值。业绩最能说明一切，管理者应当遵循"论功行赏"的原则，鼓励员工通过不断提高业绩水平而获得加薪。

日本的某公司，有一个著名的"烧档案运动"。就是员工过了试用期，公司当众把此员工的档案全都烧了，让大家忘记你来了多长时间。你是硕士、博士后、还是中专生都没有关系，大家都在一个起跑线上，按照今年的目标往前冲，看谁达到最终的结果，谁的目标完成得最好，谁就是第一。而你之前的资历，你干活的态度，不是评价你业绩的重要因素。

当然在中国还没有哪个老板实行"烧档案运动"。但我们应该清楚的是，中国的老板也一样看重业绩，在他们心中最高分数的员工，一定是那些能让公司赚钱的员工。

很多世界级公司，每到年终就会进行以业绩为主的员工排位，排在前列的员工春风满面，而排在后面的不但脸面无光，还随时有被解雇的可能。这当然怪不得管理者，面对严峻的生存形势，管理者只能如此。

工作的时间越长，越能显示自己的勤奋，有些人这样认为。其实，工作效率和工作业绩才是最重要的，整天忙忙碌碌地"苦劳"但不见"功劳"，并不是有效的工作者。

"用结果说话"，不仅是公司对员工的要求，更是市场对公司的要求。公司固然需要员工具备奉献不已的黄牛精神，可是如果员工误以为这就是公司的最终要求，并进而以此自居为功臣，那等待他的将是很不乐观的下场。道理很简单，如果员工取得的业绩微乎其微，给公司创造的利润少之又少，那么整天在公司里忙得团团转，又有何实际意义？

员工业绩匮乏，就失去了继续工作的资格；公司利润淡薄，就丧失了立足市场的理由。尤其对于小公司来说，这是毫无争辩的事实。所以说，假设让公司对员工只提一条工作要求，那绝对是——用结果说话！反过来，如果员工想得到加薪、升职等诸多优遇，那最有说服力的武器也必将是——用结果说话！没有业绩，一切无从谈起。

更进一步讲，受利润的驱使，再有耐心的老板，也难以忍受一个长期无业绩的员工。所以，抱有"我尽忠职守，不浪费公司资源"观念的员工，是再愚蠢不过的了。届时，即使你忠贞不二，永不变心，老板也会变心，甘愿舍弃有忠诚无业绩的你，留下忠心且业绩突出的员工。

小公司要想长期发展，仅仅依靠员工的忠诚是不够的。一个成功的管理者背后，必须有一群能力卓越、忠心耿耿且业绩突出的员工。没有这些成功的员工，管理者的辉煌事业将无法继续下去，公司也将无法经营下去。

作为小公司的管理者，为了公平合理对待员工，为了让决策和计划得到落实，首先得给出一个量化的执行目标，以结果为导向，考核员工的工作成果，检查工作任务的完成程度，否则，公司经营就会流于形式，空费精力，没有结果。

以结果为导向的管理，要求员工的能力、知识必须体现在其业绩上，衡量员工的能力和业绩主要是看工作结果，以结果论成败是这一管理方式的根本体现。

狠抓结果，让执行落地有声

工作的一个重要内涵就是：结果决定一切。即使一名员工在工作中付出了很多，但是最终没有完成任务，还是等于没有工作。小公司的管理者要让员工明白一点，自己需要做的事情不是向别人说明自己有多累，而是要认真反思，看是不是有什么更好的方法可以完成任务，以结果来评判工作成就，是对一个人工作能力的最佳评价方法。

在世界著名公司中，百事可乐就是这样一个“以结果决定员工成就”的公司。

百事可乐强调员工要主动执行公司的任务，百分之百地去完成它。那些业绩优秀的员工总是能得到公司的嘉奖，而那些业绩不佳的员工则会被淘汰。这种“以结果论成败”的公司文化塑造了一支有着坚强战斗力的员工队伍。在激烈的竞争中，百事可乐逐渐从市场中脱颖而出，并且成为唯一可以和可口可乐抗衡的对手。

工作只是过程，关键还是要看结果。在工作的过程中，尽管速度很快，也迈出了实质性的步伐，甚至整个工作的过程看起来是完美无缺的。但是，真正追求的不是工作的过程，而是工作的结果。工作结果是否达到了预期的目标是判定工作能力强弱的重要依据。简言之，就是对于工作和任务，不但要去做，而且要做好。

之所以强调"工作结果"，是因为公司经营不是纸上谈兵，更不是搞辩论会。不是你说服我或者我说服你的问题，也不是说你的计划书写得有多好，有多么完美，就能够赢得市场，赢得客户。没有达到好的结果，工作的过程看起来再完美，也没有任何意义。

"用结果说话"，是公司考察员工工作能力和业绩的重要标准。小公司的管理者可从以下三个方面向员工进行"工作结果"的思想教育，让员工以结果为导向完成工作任务：

（1）让员工明确自己的使命。很多人之所以不能做到百分之百执行，一个很重要的原因就在于他常常忘记了自己肩负的任务。就像沉船上的海员，如果他们都能够记住自己的使命，也就不会发生那样的悲剧了。

（2）引导员工严格要求自己。启发员工在工作中以最高的标准要求自己，能做到最好，就必须做到最好。

（3）激励员工尽力而为。在很多时候，员工之所以没有百分之百执行，原因不是他的专业能力不够，而是你没有竭尽全力去激励他。

▌ 用好绩效考核这把利剑

不知道自己是怎么样的公司注定不是个好公司，不知道自己是怎么样的员工注定不是个好员工。一个成功的、有活力的公司必定会有一系列的评价标准，而这些标准则来自绩效考核。

"绩效"一般包含两个方面的内容。一方面是指员工的工作结果，员工的绩效具体表现为完成工作的数量、质量、成本费用以及为公司做出的其他贡献等。另一方面是指影响公司员工工作结果的行为、表现及素质。

考核是考核和评价的总称。绩效考核，也被称作人事考核、员工考核等，就是针对公司中的每个员工完成任务的效率，以及担任更高一级职务的潜力，应用各种科学的定性和定量的方法，对公司员工工作的实际效果及其对公司的贡献、价值进行有组织的并且是尽可能客观的考核和评价的过程。绩效考核作为一种衡量、评价、影响员工工作的表现手段，可起到检查及控制的作用，并以此来揭示员工工作的有效性及其未来工作的潜能，从而使员工自身和公司双双受益。简言之，它就是由管理者或相关人员对公司员工的工作做系统的评价。

具体来说，绩效考核的主要作用如下：

1. 全面提高公司的生产率和竞争力

衡量公司生产率的传统方式是考察员工工作成果的数量和质量、有没有按工作程序办事、上下班是不是守时，以及出勤率、事故率等指标的高低。现代人力资源管理理论则认为，衡量生产率的主要因素应该是员工的招聘、培训、任用、激励和绩效考核，并以绩效考核为核心。员工工作绩效的考核对公司生产率和竞争力会产生重大的影响，通过持续性的绩效考核，可以刺激员工做好本职工作，提高工作成效，达到增强公司的产出效率、增强公司生产率和竞争力的目的。

2. 有利于公司合理调整员工的职务

公司的职务调整包括员工的晋升、降职、调岗，甚至辞退。绩效考核的结果会客观地对员工是否适合该岗位做出明确的评判，为公司人事调整提供依据或信息。

3. 为员工的薪酬管理提供依据

根据员工的实际业绩，即工作成果决定其薪酬水平的高低；根据该员工业绩变化情况来确定是否再予以提薪。通过对该员工与其他从事同类或相似工作的员工在业绩和报酬方面进行比较，管理者及下级的绩效就可以明确地展现出来，按绩效付酬的观念就顺理成章。工作绩效考核结果最直接的应用，就是为公司制订员工的报酬方案提供客观依据。

4. 有助于员工更好地进行自我管理

绩效考核强化了工作要求，使员工责任心增强，明确自己怎样做才能更符合公司的期望。通过考核发掘员工的潜能，可以让员工明白自己可以干什么。通过绩效考核，使员工明确自己工作中的成绩和不足，可以促使他在以后的工作中发挥长处，努力改善不足，使整体工作绩效进一步提高。

5. 通过绩效考核，反映公司员工的贡献程度

目前绝大多数公司的绩效考核制度，都是一张表单适用所有部门及人员，而表单的内容往往只是粗略性的几个问题和选项，这些制度设计上的不完善，造成绩效考核制度常流于形式化，缺乏信度和效度。因此，如何根据不同工作性质，设计合适的制度，以真实反映出员工绩效的高低，成为目前公司管理者亟待解决的问题。

对于绩效好的员工，当然应给奖励，感谢他们对公司所做的努力与贡献，同时激励他们能有更好的表现；但是对于绩效差的员工，也应了解其中的原因。一般来说，员工在工作上是否有好的绩效，可以从能力、动机及其

他因素中加以探讨。因此，管理者在发现其员工绩效不佳的时候，应该去发觉其背后的问题所在。若是员工的能力不足，则应该给予充分且适当的培训，以增进员工在工作中的知识与技能；若是员工的动力不够，则应该建立出一套良好的激励制度来配合，以增加员工改进绩效的动机；若是其他外在因素造成员工的绩效不好，例如工作场所的环境干扰、工作所需的设备不足等，则应协助员工排除障碍，使员工能有更好的工作环境来达成工作目标。由此可知，一套好的绩效考核体系，不仅能鉴定出个别员工的贡献程度，还要能找出造成员工绩效不佳的原因。小公司的管理者要对绩效考核给予应有的重视，借助各种考核技术对员工的业绩进行考核，以促进员工改进工作，提高工作效率。

行为评价考核术，看你“行不行”

行为评价考核技术是通过员工行为来考评绩效的方法。具体来说有以下几种不同的类型：

1. 关键事件法

即平时注意收集员工在工作中的相关表现，包括好的表现和不好的表现，对这些表现进行记录，根据记录加以分析，进行考评。

关键事件法要求保存最有利于和最不利于工作的行为的书面记录。当这样一种行为对部门的效益无论是产生积极还是消极的重大影响时，管理者都应把它记录下来，这样的事件便称为关键事件。

管理者在对员工的优点、缺点和潜在能力进行评论的基础上提出改进工作绩效的意见。如果管理者能够长期观察员工的工作行为，对员工的工作情况十分了解，同时也很公正和坦率，那么这种考评报告是很有效的。

在考评后期，管理者运月这些记录和其他资料对员工业绩进行考评。用这种方法进行的考核有可能贯穿整个考评阶段，而不仅仅集中在最后几周或几个月里。

2. 行为观察量表

包括特定工作的成功绩效所要求的一系列合乎希望的行为。量表构建要先通过员工获得关键事件和行为，然后收集关键事件并按维度分类，并评定关键行为代表什么等级的工作表现。然后将关键行为列成一张表，管理者阅读这些行为观察量表并评价员工在多大频率上有这些行为。通过量表可以告诉员工，哪些行为是对的，哪些行为是错的，从而为员工提供了行为准则。

3. 行为差别测评法

先通过一个类似于关键事件法的工作分析程序获得大量的描述句，描述从有效到无效的整体行为系列。再通过整理，根据相似性对项目进行分组，每一组项目都有一个概括性的描述，并将这些描述句作为"绩效标本"。之后，将这些"绩效标本"安排在问卷中，并发放给抽样产出的20位在职者和他们的上司。对问卷涉及的有效和无效行为的信息进行分析，最后据此制作测评表，通过对照量表中不同行为的差别性描述来评定工作绩效。

4. 固定行为评价量表

管理者记录员工的行为，然后和典范行为相比较，再给出员工行为的量化评估。这样可以使评价更为简单和准确。但建立量表会比较费时。评分方法有两种，一是上级给员工的每一个行为的评分，最后计算每一维度的平均得分；二是上级回顾员工的所有表现，得出一个总体的印象，将该印象与量表总的标准行为相比较后得出该维度的分数。固定行为评价量表的优点有：

评价标准非常明确，量表给员工提供了好的和坏的行为样本，可以帮助员工改进工作表现，有较高的评分者一致性。

◤ 工作成果评价考核术，拿成果说话

工作成果评价考核技术是通过员工的工作成果来考评绩效的方法。包括目标管理法和指数评估法。

1. 目标管理法

通过管理者与下属共同参与制定目标而实现团队目标，从而使团队的目标得到确定和满足。在期限结束时，管理者根据员工的工作状况及原先制定的考评标准来进行考评。目标管理法一般适用于从事工作独立性强的人员的考评，如管理人员、专业技术人员以及销售人员等。而对流水生产线上的员工就不适用。这种方法可以充分发挥员工的积极性，不必花费很大精力来制定评价指标。

2. 指数评估法

指通过更客观的标准（如生产率、出勤率、跳槽率等）来评估绩效。一般可分为定性评估和定量评估，定性评估包括产量质量状况、顾客满意度、原材料使用情况等，这里的定性是指“行为、态度”，评估考核的最高境界是把定性的“行为、态度”数据化，即量化为分数。定量评估包括每小时产出数量、新增用户订单数和销售总额等。定量评估主要是让数据说话，是指数评估法的主要依据。

▶ 排序考核术，谁是公司排头兵

排序考核技术是将员工的工作情况按照一定顺序排列来考核绩效的方法。可分为简单排序法和成对比较法、硬性考评法。

其中简单排序法需要的时间和成本很少，简便易行，一般适合于员工数量比较少的考评需求。在员工的数量比较多的情况下，就需要选择其他的排序方法。当然，这种方法的主要问题在于，当个人的业绩水平相近时难以进行比较排列。

而成对比较法是把握某一特定的标准，考评者将每位员工与其他员工进行逐一比较，并选出每一次比较中的优胜者。最后，根据每位员工净胜次数的多少进行排序。这一方法的比较标准一般是员工考评者对员工比较笼统的整体印象而不是具体的工作行为或成果。

成对比较法的操作步骤是：先做一个表格，将所有需要考核员工的姓名分别按照横行或竖行写好，将每个员工和部门内其他员工进行比较，将业绩水平比较高的员工的姓名或者代号写在二者交叉的空格内。然后可以按照每位员工"胜出"的次数来对他们进行排序，得到一个排名表，见下表。

成对比较法绩效排序表

注：用纵列上员工与横行上员工对比，以横行的员工作为对比的基础，如果比本员工优，画上正号"+"，如果比本员工差者,标上"0"。本表是以横行的员工作为对比的基础，如果以纵列的员工作为对比的基础，所得出的结果正好相反。

考评要素：工作态度：

具体指标：积极性、协作性、纪律性

	陈国薇	王丽	林春梅	黄美莲	蓝娇	杨琴	吴昭艳	梁嫘	黄腾	排名
陈国薇	——	+ 0 0	0 0 +	+ + 0	0 0 +	0 + +	+ + 0	0 + +	+ 0 0	1
王丽	0 + +	——	0 + +	+ + 0	0 + 0	0 + +	+ + 0	0 + +	+ 0 +	6
林春梅	+ 0 +	+ 0 +	——	+ 0 +	0 + 0	+ + 0	+ + 0	+ + 0	+ 0 0	7
黄美莲	0 + +	+ 0 0	0 0 +	——	0 + 0	0 + +	0 + +	0 + +	0 0 +	2
蓝娇	+ + 0	+ 0 +	+ 0 +	+ 0 +	——	+ 0 +	+ + 0	+ + 0	+ 0 0	8
杨琴	+ + 0	+ 0 +	0 + +	+ + 0	0 + 0	——	+ + 0	0 + +	+ 0 0	3
吴昭艳	0 + +	+ 0 +	0 0 +	+ 0 +	0 + 0	0 + 0	——	0 + +	+ 0 0	4
梁嫘	+ 0 0	+ 0 0	0 0 +	+ 0 0	0 0 +	+ 0 0	+ 0 +	——	+ 0 0	5
黄腾	0 + +	+ 0 +	0 + +	+ + 0	0 + +	+ 0 0	+ + 0	+ 0 +	——	9
汇总	15	12	13	15	9	15	15	15	8	——

至于硬性考评法，这种方法广泛用于公司的年终考评，例如先进的评出，工资的晋级等。硬性考评法按以下的步骤实施：

确定A、B、C、D、E各个评定等级的奖金分配的点数，各个等级之间点数的差别应该具有充分的激励效果。

由每个部门的每个员工根据业绩考核的标准，对自己以外的所有其他员工进行百分制的评分。

对称地去掉若干个最高分和最低分，求出每个员工的平均分。

将部门中所有员工的平均分相加得出总分，再除以部门的员工人数，计算出部门所有员工的业绩考核平均分。

用每位员工的平均分除以部门的平均分，就可以得到一个标准化的考评得分。那些标准分为1（或接近1）的员工应得到中等的考评，而那些标准分明显大于1的员工应得到良甚至优的考评，而那些考评标准分明显低于1的员工应得到及格甚至不及格的考评。在某些公司中，为了强化管理人员的权威，可以将员工团体考评的结果与管理人员的考评结果的加权平均值作为员工最终的考核结果。但是需要注意的是，管理人员的权重不应该过大。各个考评等级之间的数值界限可以由管理人员根据过去员工业绩考核结果的离散程度来确定。这种计算标准分的方法可以合理地确定被考核的员工的业绩考评结果的分布形式。

根据每位员工的考评等级所对应的奖金分配点数来计算部门的奖金总点数，然后结合可以分配的奖金总额，计算每个奖金点数对应的金额，并得出每位员工应该得到的奖金数额。其中，各个部门的奖金分配总额是根据各个部门的主要管理人员相互进行考评的结果来确定的。

▼ 等级鉴定考核技术，为员工打分

等级鉴定是一种历史最悠久的也是应用最广泛的员工业绩考核技术。在应用这种考评方法时，管理者应首先确定绩效考核的标准，然后对于每个考评项目都列出几种行为程序供考评者选择。

等级鉴定考核技术有三个方面的区别：

一是各项选择含义的明确程度。

二是上层管理人员在分析考评结果时分辨理想答案的清晰程序。

三是对于考评者来说各个考评项目含义的清晰程序。

这种方法所需要花费的成本比较低，容易使用。假定优秀等于5分，良好等于4分，满意等于3分，尚可等于2分，不满意等于1分，于是在对各个考评标准设定了权重之后，员工业绩的考评结果可以加起来用数字来表示，可以进行员工之间的横向比较。

等级鉴定法在考评内容的深度方面不如关键事件法，它的主要优点是适应性强，相对比较容易操作，成本比较低。

▼ 反馈工作结果，让员工更关注结果

一个男孩给陈太太打电话——

"您需不需要割草？"

"不需要，我已经雇用了割草工。"

"我会额外帮您拔掉花丛中的杂草。"

"我的割草工也做了。"

"我还会帮你把这些草与走道两边的草割齐。"

"我的割草工已经做了，谢谢你，我不需要新的割草工人。"

男孩挂断了电话，男孩的室友疑惑地问道："你不就是陈太太的那位割草工吗？为什么还要打这个电话？"男孩告诉他："我只是想知道我做得有多好！"

员工进行完一个阶段的工作后，往往并不知道自己的工作成效与工作方式是否得到了公司的认可，是否在某些地方需要进行一定的改善，来自管理者的反馈会使员工获得客观认识自己的机会，使他们知道未来该如何工作。

心理学家赫洛克做过一个关于反馈的著名实验，他将试验对象分为四个组：第一组为激励组，每次工作后都对成员给予鼓励和表扬；第二组为受训组，每次工作后都对存在的问题严加批评和训斥；第三组为被忽视组，工作结束后不做任何评价，他们只是听着其他两组或受表扬或受批评；第四组为控制组，他们与前三组完全隔离，每次工作后不给予任何评价。

实验结果显示：最终成绩最差的为第四组；激励组和受训组的成绩则明显优于被忽视组；激励组的成绩得到了显著提升，学习积极性也高于受训组；受训组的成绩则有一些波动。

这便是管理学中所说的反馈效应：如果及时地对活动效果进行评价，能强化活动动机，对工作起到促进作用。

运用在绩效管理上，绩效反馈便是反馈效应承担者。考核者与被考核者进行沟通，就被考核者在考核周期内的绩效情况进行面谈，在肯定成绩的同时，找出工作中的不足并加以改进。绩效反馈的目的是让员工了解自己在本绩效周期内的业绩是否达到规定的目标，行为态度是否合格，让管理者和员工双方达成对评估结果一致的看法，双方共同探讨绩效未合格的原因所在，并制订绩效改进计划。同时，管理者要向员工传达公司的期望，双方对绩效周期的目标进行探讨，最终形成一个绩效合约。

▶ 对低绩效员工不宜心慈手软

一架拖车行走在高速公路上，车上载着一条狗、一只猪和一匹马。

没多久，拖车失控，翻倒在地，狗、猪、马和司机同时被甩出了拖车。一会儿，一名警察赶到，他首先看见了那只狗，摇摇头说："脖子断了，太可怜了。"于是，掏出枪把它杀死了。接着他又见到了那只猪，见到猪的脊梁骨都碎了，掏出枪把它也杀了。尔后，他又见到了那匹马，看着马的四条腿骨头都折断露了出来，摇摇头把马也杀了。这一切都被司机看得真真切切。最后，警察发现了司机，走过去问："你觉得怎么样了？"只见司机强撑着站起来说："我从来没有觉得如此的好。"

警察杀死动物的行为确实残忍，但是面对组织中的低绩效员工，管理者却需要具备警察的魄力：当绩效低的员工无法在管理者的指导下改正工作行为时，管理者即使于心不忍，也只能对其实施解雇。这不仅有助于提升公司的人力资源素质，还会使其他的员工引以为戒，避免了员工的怠工行为。

一个非常遗憾的事实是，公司中总会存在一些低绩效员工，他们无法履行职能范围内的义务，不能按照组织的要求保质保量完成自己的工作，他们的表现既削弱了团队的实力，也给客户留下了不好的印象。面对这些员工，虽然深知他们拖了组织的后腿，但管理者往往容易表现得心慈手软，忧于就绩效问题与他们进行沟通。但是，组织作为一个系统，某一个环节的缺失会导致系统运转的失败。比如，某个员工在客户服务方面能力欠佳，结果正好一个重要客户是由这位员工接待的，其结果可想而知，客户因为这个员工而迁怒于整个公司，从而放弃了与公司的合作。因此，管理者对绩效低的员工心慈手软，往往会后患无穷。

当然，明白地告诉某一名员工，他的工作表现达不到组织的要求是一件尴尬的事情，很可能造成员工的心理压力，使员工产生被组织驱逐的心理。但事实是，这确实是管理者的工作职责，如果想成为一名合格的管理者，这便是他避之不及的工作任务之一。管理者只有把员工的工作结果反馈给他，并提出明确的绩效期望值，才会使绩效低的员工改进自己的行为，不会成为实现组织绩效的逆反力量。

不过，对于绩效低的员工，解雇并不是唯一的解决方案。员工无法胜任目前的工作，并不意味着他不能有效地完成其他的工作，管理者可根据员工的能力与兴趣，为其进行部门调换。有时候低绩效的原因，并不在于员工的能力素质，而是组织把人才安排在了错误的工作岗位上。

如果管理者多次就低绩效问题与员工进行了沟通，并对他如何改进自己的行为提出了指导性意见，但员工仍然一意孤行，对管理者的建议置若罔闻，甚至产生抵触情绪，管理者只能执行下下之策：解雇绩效低的员工。因为绩效低的员工的行为，不仅使他自身的工作无法有效完成，还会使其他员工产生不公平的心理，影响他们的工作积极性。

管理行为确实有时候会比较残酷，但"以结果为导向"的考核理念注定了这种竞争规则：公司作为营利性机构，只能对那些绩效低的、无法与组织目标一致的员工说："不！"

第九章

团队管理：

管理定江山，团队打天下

在一个公司里，如果人心涣散，人人自行其是，各自为政，甚至搞"窝里斗"，何来生机与活力？何谈创业干事业？只能是一盘散沙，不战自败！

小公司底子薄，家当小，经不起折腾，只有大家齐心协力，方能共渡难关，打下一片自己的江山。管理者要努力培养员工的团队精神，消除团队中的不和谐因素，打造一支精诚合作的团队，率领团队并肩作战。同心山成玉，协力土变金。万夫一力，则天下无敌。

▼ 做团队的"造梦"大师

说到管理，几乎每个管理者都有自己的看法，有人觉得想要做好管理，就要有威严，要让员工敬畏自己。有的人觉得，想要做好管理，就要懂得使用利益，要让员工觉得跟着自己有钱赚。有的人则认为，要想管好人，首先要会选人，找些忠诚者跟着自己，管理自然就好了。

而在万通董事长冯仑看来，一个真正成功的管理者，靠的不是外在的东西，而是内在的，要能够给手下的人提供一种价值观和归属感。如果做到了这点，就是成功的管理者。

在谈到这个观点的时候，冯仑提到了宗教，他认为，这个世界上最忠诚的情感就是教徒对宗教领袖的情感。那是一种掺杂着崇拜和人生归属的感情，是最容易引起狂热的，也是最能激发人斗志的。

宗教是一种虚幻的存在，它之所以能够让人信服，靠的就是传递一种价值观，它为人们提供的是一种灵魂上的归属，它的功用就是让人找到了归属感。一个成功的公司也应该是这样的，要向员工传递一种价值，让员工有一种强烈的归属。

冯仑在构建万通公司文化的时候，也是考虑进了这一点的。在万通，强调的不是产品，而是价值。在别人都循着卖产品的思路经营的时候，冯仑已经喊出了贩卖价值观的口号。一个公司，想要向客户贩卖价值观，首先自己要有价值观。万通的价值观是来自冯仑的，也就是冯仑的理想，改变人们的房居理念。

　　具体来说就是，冯仑给客户的，不仅是一个居住的地方，更是一种生活方式。一般的地产公司努力做的是在合适的地段给客户一个家。但万通做的是，给客户一个舒适的居住环境。万通的新式住宅小区里，有良好的绿化，有安静的环境，更是有方便的居室设计。他们的出发点不是为自己节省成本，也不是为用户创造最大的空间。而是让用户感觉舒服，感觉到安心。这就是一种理念和价值观了。

　　在这样的公司里工作，员工不仅能赚到钱，更有一种成就感。因为他们引领着居民的居住理念。这就是一种价值观的归属，这样的公司也必然是一个能够让员工产生强烈归属感的公司。构造出这种文化，让员工有了这种情感依附之后，自然就不用管理者再去费力想怎么管理公司了。这就是最高明的管理方法。

　　给人钱，不如给人发展空间，给人发展空间不如给人梦想。冯仑采用的就是给人梦想的管理方式，这也是绝大多数管理者应该努力的方向。当然，给员工梦想是好的，但也不是说只有梦想就足够了。在给员工心中种植梦想的同时，也要给他足够的发展空间，足够的薪水。只有各方面并重，才能让管理者更加轻松，给人梦想之所以可贵，只不过是因为它是这几个指标里最重要的一个罢了。

　　小公司的管理者就是公司团队的领头人，也应该是公司团队的梦想设计师。一个成功的管理者，必然是自己有梦，也能给员工梦想的人。

▌ 抱成团走向胜利：苹果创业的启示

这里充满着青春的活力，这些年轻人是一股中坚力量，是他们研制了苹果计算机，并将公司发展成为与IBM具有同等竞争力的电脑公司。

1976年斯蒂夫·沃兹尼亚克和斯蒂夫·乔布斯设计出个人用的计算机，并于一年之后以苹果 II 型的商标投放市场。仅仅3年多之后的1980年，苹果电脑公司已迅速发展成为拥有1.18亿美元的公司。尽管第二年IBM也推出了自己制造的个人计算机，但当年28岁的董事长斯蒂夫·乔布斯并没有打算让路。

他和他的同事亲密无间，像一群海盗一样的大胆。乔布斯在充当教练、一个班子的领导和冠军栽培人等方面是一个完美的典型。他是一个既狂热又明察秋毫的天才，他的工作就是想出各种新点子，他是传统观念的活跃剂，他不会把重要的事情丢在一边，他容不得无能与迁就的存在。

这些年轻人也纷纷对董事长乔布斯表述了自己的看法，他们希望在从事的工作中做出伟大的成绩。他们说："我们不是什么技术工，而是兢兢业业的技术专家。"他们要对技术有最新的理解，知道如何运用这些技术并用来造福于人。所以最简便的办法就是网罗十分出色的人物组成一个核心，让他们自觉地监督自己。

苹果电脑公司招聘的办法是面谈。一个新来的人要和公司至少谈一次，也许要谈两三次，之后再来谈第二轮。当对录用做出最后决定时，就把苹果电脑公司的个人电脑产品——麦肯塔式拿给他看，让他坐在机器跟前，如果他没有显出不耐烦，我们就说这可是一部很棒的计算机来刺激他一下，目的是让他的眼睛一下子亮起来，真正激动起来，这样就知道他和苹果电脑公司是志同道合的了。

公司人人都愿意工作，并不是因为有工作非干不可，而是因为他们满怀信心，目标一致。员工们一致认为苹果电脑公司将成为一个大公司。

苹果电脑公司在1984年1月24日推出麦肯塔式计算机，在头100天里卖掉了75000部，而且还在持续上升，这种个人用的计算机粗略计算占到公司全年15亿美元销售额的一半。

麦肯塔式的例子表明，当一个发明班子组成以后，能够多么有效地完成任务，办法是分工负责，各尽其职，在人们意识到要为之做出贡献时，一个项目能否成功就是一次考验。在麦肯塔式外壳中不为顾客所见的部分是全组的签名，苹果电脑公司的这一特殊做法的目的就是给每一个最新发明的创造者本人而不是给公司树碑立传。

这个案例讲了非常重要的两个问题：团队精神。

团队精神，是指执行团队内部的思想和行为高度一致，充满团结的氛围，团队成员遵循公司共同的执行理念，为了共同的事业而相互合作，从而使执行产生一种合力。但是团队精神不仅是要求基层的员工团结协作，而且更要求管理者从自己做起，从上到下地共同建设一个紧密团结的团队，从而形成万众一心、所向披靡的团队精神。

人心齐，泰山移；人心散，万事难。人心齐，方成团队，才有竞争力。个人的力量是微小的，只有依靠某种凝聚力组建成为一个团队，才可以发挥出神奇的力量，这就是抱团的力量。

假如一个公司里的员工缺乏团队精神，人人都自以为是，各自为战，在工作中相互推诿、扯皮，斤斤计较，就会冲突矛盾不断。长此以往，整个团队就像是一盘散沙，工作松散拖沓，没有凝聚力，丧失战斗力，并且会逐渐消沉下去，直到以惨败收场。

在现实的公司竞争环境内，个人的力量毕竟是有限的，而团队力量的发挥已成为赢得竞争胜利的必要条件，竞争的优势就在于你比别人更能发挥团队的整体力量。作为小公司的管理者，要强化公司员工的团队意识，培养他们以大局为重、抱团作战的精神。只有团结起来，才能保证强大的战斗力，才能创造辉煌的业绩，才能在激烈的竞争中胜出，把公司带到永续经营的高尚境界。

培养员工的团队意识

团队的概念最早是由沃尔沃公司和丰田公司引入生产过程的，当时可以算得上是新闻热点而轰动一时。如今，如果哪个公司还没有在工作中引入团队的概念，那么，这个公司估计也可以成为新闻热点了。团队的产生是为了完成需要多种技能、经验的工作，这些工作是一个人或者一群没有组织的人无法完成的。

市场如战场。在市场竞争日趋激烈的今天，公司的竞争力、战斗力决定着公司的生死存亡，对于小公司来说，更是如此。而公司的竞争力、战斗力不取决于管理者本人，更不取决于员工个人，而是取决于整个团队。一个公司如果拥有一个好的团队和良好的团队精神，那么，它就会像冲锋的号角，激励员工奋力争先，战胜对手，取得竞争胜利。良好的团队精神会成为一面旗帜，它召唤着所有认同该公司团队精神的人，自愿聚集到这面旗帜下，为实现公司和个人的目标而奋斗。

“一根筷子一折就断，十根筷子却无法折断”，这句话告诉人们：团结就是力量，团队的协同作战永远要胜过某一个人或者几个人的单打独斗。一个好汉三个帮，一个人不管有多么优秀，都不可能具备创立并运营一个公司所需的全部知识、经验和技能。小公司的管理者如果想要创业成功，就必须组建一支有强大战斗力的团队，借助团队所有成员的智慧和力量，解决公司发展过程中可能出现的问题。一个团队就像一台精密的仪器一样，它是由众多的零件组装起来的，而且每个零件都环环相扣，互相支撑，互相配合，共同发力，促使着整体在有规律地运转，使其达到一定的效率，并且步步为营地往目标前进。

管理者要组建一支在竞争激烈的商场上有战斗力的团队，光有人才和好的工作计划是不够的，最重要的是还需要一种无形的力量——团队意识。团队是否有较高的运行效率，是否能在不同的条件下稳定、灵活、反应迅速地完成各种难度较大的工作，取决于团队的组成人员是否具有团队意识。也就是说他们是否能把自己融入团队中，是否能在团队协同工作的时候将团队的利益放在首位，是否能在做好本职工作的同时将有效的配合放在重要位置。

团队意识，是团队协作工作中非常重要的一部分，是团队执行力的保障。如果一个团队什么人才都具备，也有很完善的工作计划，但是团队成员缺乏团队意识，那么再简单的团队协作也很难完成。

要培养团队成员的团队意识，团队的管理者是关键。

管理者需要有意识地、经常性地用各种方式来培养员工的团队意识。

首先，团队成员的追求目标要一致，这是团队的方向和推动力，让团队成员愿意为实现这个目标贡献力量。

其次，团队成员要敢于承担责任，即清楚地知道哪些责任是所有团队成员共同承担的。管理者要在平时的工作中让团队中的每个成员都明白："大家是一个整体，团队成功也就代表着个人成功，团队失败也就代表着个人失败。每个人都是团队的一分子，都担负着不可推卸的责任，每一项工作都关系着整个团队的工作是否能按照既定的轨道进行。"

▶ 一手抓分工，一手抓合作

很久以前，在一座山上有一座寺庙，一天方丈派两个小和尚分别去管理山下两座已经废弃了的寺庙。第一个小和尚生性敦厚，待人热情，总是笑脸相迎，所以来的人非常多，但是他其他的事都不管，没有认真地管理账务，依然入不敷出，寺庙看起来也破破烂烂的，没有整理，时间久了，渐渐没有人来了。而第二个小和尚虽然管账是一把好手，很注重寺庙的整洁，但成天阴着个脸，太过严肃，搞得人越来越少，最后香火断绝。有一天方丈来到山下检查他们的情况时，发现了这个问题，方丈想了想，把他们俩放到了同一个庙里，由第一个小和尚负责公关，笑迎八方来客，于是香火旺盛。而第二个小和尚铁面无私，锱铢必较，则让他负责财务，严格把关。最后，在两人的分工合作中，庙里一派欣欣向荣景象，香火十分旺盛。

从这个故事中我们看出，寺庙的景象欣欣向荣，香火十分旺盛，跟两个小和尚分工合作是分不开的，可见分工合作的重要性。

对于一个公司来说分工明确，使员工清楚自己的工作内容和职责，这样会在一定程度上调动员工的积极性，而且会锻炼员工的独立能力与分析能力。合作相对来说更为密切，通过大家的沟通交流使各部门间联系密切，同时有一定的激励体系来使大家的合作有力。

分工与合作协调一致，就会最大程度地减少工作中的"瓶颈"因素。公司部门间分工有序，部门经理间能够紧密联系，是与公司的良好分工合作分不开的。

众所周知，鸟儿要飞得更高更远，它的双翼一定是平衡的，假设一翼很强大，它可以一时飞得很高，却很难飞得长远。一个公司追求的是不断成长，同时也会考虑得更长远。分工与合作有如鸟之双翼，一个公司能够以优秀的姿态不断发展壮大，与完善的分工合作体系是分不开的。作为小公司的管理者，要采取有效措施做好员工的分工合作，以确保团队的整体效能，增强团队的战斗力，提升公司的竞争力。

▌ 绝不允许破坏团队的"野狗"存在

通常，在公司的团队中，有各种类型的员工，有勤奋敬业、认真工作的人，有崇尚个人英雄主义、单打独斗的人，有敷衍了事的人，有混日子的人，有搬弄是非、破坏团队团结的人，有拉帮结派、搞窝里斗的人。第一种人永远是公司最需要的人，第二种人有一定的能力，但缺乏团队精神和合作意识，虽然能做出不俗的业绩，但有时却会阻碍团队的整体目标的达成，而后几种人则是公司中的危险分子，他们就是公司中的"野狗"。

"野狗"对团队的危害是非常大的，这类员工不仅自己不能好好工作，而且还会影响到其他员工的工作。他们不思上进，不求有功，但求无过，做一天和尚撞一天钟，工作嘻嘻哈哈，高声谈笑，旁若无人，让周围的同事无法安心工作。他们还看不得别人进步，经常在背后议论别人，甚至三五人结成一伙，在公司上蹿下跳，搞得人心惶惶，严重影响了公司的秩序和团队的工作气氛。

如果这些情况出现在团队中，发出了隐秘的危险信号，管理者没有引起重视，就会积重难返，为患严重，使得公司经营和团队建设前功尽弃，公司无法经营下去。

管理者必须对上述现象加以重视，采取有力措施加以防范和制止，加强团队建设，绝不允许破坏团队的"野狗"存在。

管理者可从以下三个方面进行努力：

一是提防精神离职。

精神离职是在公司团队中普遍存在的问题。其特征为：工作不在状态，对本职工作不够深入；团队内部不愿意协作，行动较为迟缓；工作期间无所事事，基本上在无工作状态下结束一天的工作。精神离职产生的原因大多是个人目标与团队远景不一致，也有个人工作压力、情绪等方面原因。

二是避免出现"超级业务员"。

"超级业务员"就是那些崇尚个人英雄主义、单打独斗的人，其特征为：个人能力强大，能独当一面，在团队中常常以超常的业绩领先于团队其他成员，组织纪律散漫，好大喜功，目空一切，自身又经常定位于团队功臣之列。"超级业务员"的工作能力是任何团队都需要的，但管理者必须对"超级业务员"进行控制，给予必要的教育和引导，避免其瓦解团队。

三是瓦解团队中的派系组织。

派系组织会削弱正式组织的战斗力，从而降低管理的有效性，致使工作效率低下，优秀团队成员流失。管理者必须瓦解团队中的派系组织，消除窝里斗现象，让所有的员工都围绕着公司的大目标团结奋斗。

四是解雇"野狗"员工。

对于制造不安因素、破坏团结、妨害团队作战和公司发展的"野狗"员工，管理者不能心慈手软，要坚决将他们开除出公司。

▚ 把团伙改造成高效团队

随着社会分工越来越细化，个人单打独斗的时代已经结束，团队合作提到了管理的前台。团队，作为一种先进的组织形态，越来越引起各类大小公司的重视。作为小公司的管理者，应当从理念、方法、激励、沟通、协调等多种途径着手进行团队建设。

中国文字表示的"团队"，是指有"口""才"和"耳"的一群"人"组成的组织，而只讲不听、只讲不做、不听不做的一群人构成的只是团伙。

德国科学家瑞格尔曼做了一个拉绳实验：

参与测试者被分成了4个组，每组人数分别为1人、2人、3人和8人。瑞格尔曼要求各组用尽全力拉绳，同时用灵敏的测力器分别测量拉力。测量的结果有些出乎人们的意料：2人组的拉力只为单独拉绳时2人拉力总和的95%；3人组的拉力只是单独拉绳时3人拉力总和的85％；而8人组的拉力则降到单独拉绳时8人拉力总和的49％。

这说明，人在一起不一定能发挥出个人最大的潜力。而要改变这种情况，就必须把团伙变成团队。

管理者可从以下几方面着手改造团队。

第一，建立清晰的团队奋斗目标。

在有效的团队中，成员清楚地知道希望做什么工作，以及他们怎样共同工作才能最终完成任务。

如果你只是提出一个建议："我有一个好主意，咱们来创建一个公司吧……但是具体做什么，这我还没有想清楚，不过我认为这一定是个好主意"。那就让人感觉不到其中的任何意义，让人摸不着头脑，更不知道该怎样行动。

　　设想一下，如果还没有确定公司经营的目标，那么谁会为一个前途渺茫的事情去浪费时间呢？可是有些时候，一些管理者就是仅仅因为相信"这是个好主意"而组建团队。然而，最终往往使"好主意"变成"坏主意"。

　　因此，你必须建立一个清晰的团队奋斗目标，让所有成员都清楚自己做事的方向，围绕团队目标同心协力，全力以赴。

　　第二，增加员工相互间的信任。

　　成员间相互信任是高效团队的显著特征。每个成员对其他人的品格和能力都确信不疑。信任的直接好处是降低内耗，减少为了防备而产生的监督从而控制成本。但是信任这种东西是最脆弱的，需要长时间培养但又很容易被破坏。信任交换信任，不信任换来的也是不信任。组织文化和管理层的行为对形成相互信任的群体氛围很有影响。如果组织崇尚开放、诚实、协作的办事原则，同时鼓励员工的参与和自主性，它就比较容易形成信任的环境。

　　第三，强调忠诚和一致的承诺。

　　高效的团队成员对团队具有高度的忠诚和一致的承诺，他们甘于奉献，为了能使团队获得成功，他们甘愿做任何事情，愿意为实现这一目标而调动和发挥自己的最大潜能。管理者要通过教育启发和以身作则的示范，让所有成员都具备这种精神。

　　第四，实现良好的沟通。

　　这是高效团队一个必不可少的特点。群体成员拥有畅通的信息交流渠道，有利于信息资源的充分利用，有助于提高工作效率。管理层和团队成员之间的顺畅沟通，有利于消除误解。管理者要使团队成员能迅速而准确地了解自己的想法。

　　如果领导1人，需要沟通的关系数为1，根据格拉丘纳斯公式推算，增到5人时，团队内部需要沟通的关系数就猛增到了100。一些团队的忙乱，是因为把许多本可月于工作的时间和精力，用到了传递各种信息、协调各种人际关系上。因此，作为团队领导，既要尽可能减少冗员，又要通过有效沟通来提高效率，做到反应迅速，指挥灵便。

第五，优秀的领导。

优秀的管理者不一定非得指示或控制团队，高效团队的管理者往往担任着教练和后盾的角色，他们对团队提供指导和支持，但并不试图去控制它。优秀的管理者能够明确地给成员指出团队的前途和命运，鼓舞成员的信心，让团队跟随自己共渡难关。

管理学家斯蒂芬·罗宾斯根据团队存在的目的，拥有自主权的大小，把团队分为3种类型：

第一种是多功能型团队，这样的团队由一个组织中同一等级、不同工作领域的员工组成，他们来到一起的目的是完成一项任务。这种团队的领导在确定任务之后，能够根据团队成员的专长分配工作，并协调他们之间的冲突和人际关系。

第二种是问题解决型团队，侧重点主要是解决问题，团队成员通过调查研究，集思广益，清理组织中存在的问题，为改进组织工作效率等问题献言献策。这种团队领导的重点在于营造一个广开言路的工作环境，让团队成员能够按照时间要求在预算范围内解决某一问题。

第三种是自我管理型团队。例如，美国通用汽车公司有一个附属公司——萨杜恩公司，每个雇员都至少属于一个团队，每个团队由5~15名工人组成。生产流程中自我管理式团队的领导可以对训练、雇用、预算以及作息安排等问题进行决断。

▼ 打造彼此谦让、一团和气的团队

任何一个团体在长时间的对内对外关系中必然会产生误解和矛盾。

作为一名现代管理者能否充分学会运用协调与沟通的技巧，消除误解和矛盾，对外取得理解和支持，对内使本部门成为一个坚强团结的战斗整体，已成为衡量其领导成功与否的重要标准之一。

在一个部门，人们对某项任务或某个问题在利益和观点上不一致是常有的事。有时双方甚至会剑拔弩张、面红耳赤，搞到十分紧张的地步。

有人估计，管理者要花上20%左右的时间来处理各种冲突，但这并不能证明其在领导上的无能或失败。冲突在人际关系中是固有的、不能回避的，必须予以适当地处理，方能形成"人和"的气氛。

这需要管理者运用调停纠纷和处理冲突的技巧，协调各方在认识上的分歧和利益上的矛盾。那么如何来处理纠纷、冲突和分歧呢？说来并没有现成的公式可循，不过，管理者能不能成功地处理冲突主要取决于三个因素：

一是管理者判断和理解冲突产生原因的能力。

二是管理者控制对待冲突的情绪和态度的能力。

三是管理者选择适当的行为方式来处理冲突的能力。

具体来说，解决冲突，保证人和的方式一般可以采取"彼此谦让"的方式。

"彼此谦让"的协调方式，就是迫使争执双方各自退让一步，达成彼此可以接受的协议。这是调停纠纷、解决冲突最常见的办法。这种解决办法，关键在于找准协调双方的适度点。无论调停政治纠纷，还是解决日常工作和生活上的冲突，要使双方团结起来共同行动，就不能采取偏袒一方和压制另一方的做法，而应该运用"彼此谦让"的方式解决问题。

▼ 当好"头蟹"，率领"群蟹"同舟共济

钓过螃蟹的人或许都知道，竹篓中放了一只螃蟹，必须要记得盖上盖子，多钓几只后，就不必再盖上盖子了，因为这时螃蟹就爬不出来了。因为当背篓里有两只或两只以上的螃蟹时，每一只都争先恐后地朝出口爬。但篓口很窄，当一只螃蟹爬到篓口时，其余的螃蟹就会用威猛的大钳子抓住它，最终把它拖到下层，由另一只强大的螃蟹踩着它向上爬。如此循环往复，无一只螃蟹能够成功爬出篓。

"螃蟹效应"是一种组织伦理的反映，进而表现为不道德的职场行为。其主要特点是，组织成员目光短浅，只关注个人利益，而忽视团队利益；只顾眼前利益，而忽视持久利益，相互内斗，进而整个团队会逐渐地丧失前进的动力，如此，便会出现1+1<2，而且随着"1"增加到N个，最终的能量"和数"会远小于N，从而使团队失去生命力。

员工如蟹，经常也是互相牵制，互相拉后腿，久而久之，这样的团队和公司就是一群没有战斗力的"蟹群"。公司中一旦出现螃蟹效应，就会出现成员之间互相排挤、互相拆台、明争暗斗的不良现象，造成人浮于事、人人不求上进、团队成为一盘散沙的局面，造成团队和公司的严重内耗，丧失生机和活力，直至瘫痪。这样的情况不光经常出现在大公司中，小公司中也时有发生。

小公司的管理者必须高度重视螃蟹效应，采取各种有效措施预防和杜绝螃蟹效应的产生，把人心凝聚成一股绳，使团队内呈现人人相互帮助、相互支持、团队协作、追求进步的气象。

1. 倡导和弘扬协作的团队文化

"人"字一撇一捺，靠的就是相互支撑，有了相互支撑，才可能形成协

作，使团队形成一种合力。因此，要从大环境去倡导协作文化，引导员工在互帮互助中携手前行，这样受益的是团队中的所有个体，并最终实现团队的利益最大化，个人则依托团队的力量得到更好的发展。

2. 树立明确而远大的目标

创业难，守业更难，说明了在创业时团队有明确的远景目标，团队成员的目标能形成一致。而守业则容易形成窝里斗，大家会为了各自的利益相互牵制。因此，发展才是硬道理，因发展能为团队成员带来新的机会，并可增加全新的岗位，拓展了团队成员的成长空间，使团队成员的目标不局限于仅有的岗位上。

3. 让每个人都能人尽其才

错用人才，把一个人放在不适合的位置，无论如何也不会为团队带来效益，反而让适合的人感到沮丧，最终的结果是伤害了群体的感情，同时损害了团队的利益。因此，管理者在用人上要做到人尽其才，让每个人有发挥才干的舞台，让他们都能感到公平，这样他们才不会相互牵制。

4. 让权力和责任能够对等

权力大了，相应地责任也应加大，让团队成员把权力视作一种责任，而不是地位的象征。谁爬到前面，谁就要有能力和责任引领团队走出困境，这样才能使团队的其他成员相互推着朝前走。如果你爬出篓子后，却不想承担引领者的角色，其他的螃蟹是不会信服的，这样他们必然拖你的后腿，让你爬不上去。

5. 用唐僧的团队组合来消除"螃蟹效应"

当出现了"螃蟹效应"时，可用唐僧的团队组合来消除其影响，通过人力资源的合理调配，将孙猴子们配置在不同的岗位，各尽其才。全是一群唐僧或一群孙猴子，这样的团队个体看起来非常强大，但整体却难以运作，可能谁也管不好，因其更容易形成窝里斗的现象，大家谁也不服谁。

引入“鲶鱼”，激活一潭死水

挪威人的渔船返回港湾，鱼贩子们都挤上来买鱼。可是渔民们捕来的沙丁鱼已经死了，只能低价处理。渔民们哀叹起来：“上帝，我们太不幸了。”只有汉斯捕来的沙丁鱼还是活蹦乱跳的。商人们纷纷涌向汉斯：“我出高价，卖给我吧！”

商人问：“你用什么办法使沙丁鱼活下来的？”

汉斯说：“你们去看看我的鱼槽吧！”

原来，汉斯的鱼槽里有一条活泼的鲶鱼到处乱窜，使沙丁鱼们紧张起来，加速游动，因而它们才存活下来。

其实用人也是同样的道理。一个公司如果人员长期稳定，就会缺乏新鲜感和活力，产生惰性。

活力来源于竞争，来自压力和挑战。一个人没有竞争对手，就会固执己见、墨守成规，不学习和接受新知识、新事物，他就永远不会进步；一个公司没有竞争对手，就会因循守旧、故步自封，不走创新之路，不仅不能发展，还会被市场所淘汰。

只有公司有了压力，存在竞争气氛，员工才会有紧迫感、危机感，才能激发进取心，公司才能有活力。

在这方面日本的本田公司做得非常出色，值得借鉴。有一次，本田先生对欧美公司进行考察，发现许多公司的人员基本上由三种类型组成：一是不可缺少的干才，约占二成；二是以公司为家的勤劳人才，约占六成；三是终日东游西荡，拖公司后腿的蠢才，占二成。而自己公司的人员中，缺乏进取心和敬业精神的人员也许还要多些。那么如何使前两种人增多，使其更具有敬业精神，而使第三种人减少呢？如果对第三种类型的人员实行完全淘汰，一方面会受到工会方面的压力；另一方面又会使公司蒙受损失。其实，这些人也能完成工作，只是与公司的要求与发展相距远一些，如果全部淘汰，这显然是行不通的。

后来，本田先生受到鲶鱼故事的启发，决定进行人事方面的改革。他首先从销售部入手，因为销售部经理的观念离公司的精神相距太远，而且他的守旧思想已经严重影响了他的下属。必须找一条"鲶鱼"来，尽早打破销售部只会维持现状的沉闷气氛，否则公司的发展将会受到严重影响。经过周密的计划和努力，本田先生终于把松和公司销售部副经理、年仅35岁的武太郎挖了过来。武太郎接任本田公司销售部经理后，凭着自己丰富的市场营销经验和过人的学识，以及惊人的毅力和工作热情，受到了销售部全体员工的好评，员工的工作热情被极大地调动起来，活力大为增强。公司的销售出现了转机，月销售额直线上升，公司在欧美市场的知名度不断提高。本田先生对武太郎上任以来的工作非常满意，这不仅在于他的工作表现，而且销售部作为公司的龙头部门带动了其他部门经理人员的工作热情和活力。本田为自己有效地利用了"鲶鱼效应"而深感得意。

从此，本田公司每年都重点从外部"中途聘用"一些精干的、思维敏捷的、30岁左右的生力军，有时甚至聘请常务董事一级的"大鲶鱼"。这样一来，公司上下的"沙丁鱼"都有了触电式的感觉，业绩蒸蒸日上。

小公司可以借鉴本田公司的做法，通过引进外来的"鲶鱼"，引进外部优秀人才，让每个员工保持一定的压力和紧张感，以增加内部人才的竞争程度，从而促进公司内部血液循环的良性发展，使公司始终保持充沛的活力和强劲的竞争力，从而促进整个公司的工作效率不断提高，利润翻着筋斗上升。

▶ 处理好"空降兵"与老员工的磨合

"空降兵"到某一公司之后，带给公司的反应是："空降兵"急于表现，因为他期望用展现自己来获得老板的认可；公司内原有的员工要保护自己的利益，从而对"空降兵"进行本能地排斥，即便是老板要求配合，也只是表面形式而已。

某私营公司曾从竞争对手处挖来一位业内营销高手，"空降兵"上任后，改革力度很大，新官上任三把火。他的这种改革全部推翻了公司内原有的做法，自然会损害部分老员工的利益，引起了该团队内公司元老的极大反感。

"空降兵"为维护自己的权威，毅然撤换了多位不听话的元老，从而导致该部门动荡不止，业绩大幅下滑。最终，"空降兵"以辞职收场。

小公司的管理者一定要看到"空降兵"与旧势力必然发生冲突这种客观现实。公司的老员工可能会制造麻烦来抵制外来管理者，而外来管理者又想尽快树立起威信，通常都会拿老员工开刀。同时，引入"空降兵"的公司管理体系和管理基础往往又是空白，一般不太讲究规则。

外来人才要想运作好，势必要不按套路出牌，由此产生了"空降兵"和老员工的职业行为、职业方式上存在的沟通困难和天然文化冲突。公司的老员工和职业经理人的磨合是一次痛苦而漫长的过程，管理者要妥善处理好两者的关系，既要让"空降兵"的才华得以表现，又不会过分伤害到原来的老员工。

这家公司不是很大，员工在100人左右，近半数都是跟着老板打江山过来的，彼此很信任。本来公司里气氛融洽，年轻人又多，办公环境很轻松，下班后大小聚会也是常有的事儿。但是，随着新任主管唐妙的到来，公司的气氛悄悄起了变化，大家工作时正襟危坐，说话时谨小慎微，下班后行色匆匆，就怕被新主管抓住工作上的把柄。

唐妙是公司老板从对手那边挖过来的"空降兵"，她对于出现这种情况感到很委屈，"我来之前，公司的管理确实太松散了，人浮于事，效率不高，老板既然重金请我来，我觉得就应该发挥自己的作用，把能办的事情办好。"基于这样的思考，她决定从自己部门的工作入手，整顿办公室纪律，严肃工作程序和流程。

又到月底，员工开始去财务报销一些日常的办公费用。上一任主管往往不看这些花花绿绿的发票，立即就在报销单上签字。唐妙却非常认真，逐条逐笔详细审核。从中她发现了很多问题：有总款额核算不对的，有发票种类和事由不符的，有非公务开支不应报销的。她的这种做法，效果明显，一个月下来，办公开支减少了数万元，老板甚为满意。但公司上下对她意见已经很大。

没过多久，那些利益受损的老员工开始集中向唐妙开火。"没能力""搞派系""自以为是"，他们对唐妙的这些负面评价越来越多。甚至在部门经理会议上，有人公然指责财务部门不支持工作。随着向老板打小报告的人越来越多，本来对唐妙还很信任的老板逐渐对她不满起来。在唐妙来到这个公司的两个月之后，老板为了维护公司的和平氛围，只好拿起屠刀，将唐妙解雇。

在这个案例中，无论是唐妙，还是老板，都需要反省。唐妙应该知道，在一个新的工作环境中，改革应该循序渐进，而不是一步推倒。老板应给"空降兵"以精神上的支持，让员工感到配合"空降兵"是大势所趋，只有顺势而为，才能真正保护自己的利益。

小公司的管理者要认清这样的事实：外来的和尚不一定会念经。有时候，磨合和时间是必需的，即便如此，"空降兵"也不是"全能战士"。

第十章

打破"富不过三代"

咒语，缔造长青公司

　　"家文化"气息浓厚，公司中结成以血缘、姻缘为纽带的亲戚裙带，"外戚"员工难受重用，老板或家族掌管公司的财产大权……种种弊端，使得绝大多数家族式小公司最终逃不过"富不过三代"的命运。

　　危急关头，管理者唯有以"英雄断腕"的魄力，推行现代化的先进管理手段，革除流弊，任人唯贤，对"家人"与"外人"一视同仁，坚持"王子犯法与庶民同罪"，让能者上、平者让、庸者下，才能打破家族公司的封闭式管理，开创基业长青的良好局面。

“富不过三代”并非咒语

在中国从计划经济体制向市场经济体制转变的过程中，一个显著的特征就是私营小公司的壮大，而在中国的私营小公司中，绝大多数都是家族公司。

家族公司是以血缘、姻缘、地缘、情缘为纽带，以追求家族利益最大化为目标的公司组织形式，公司的所有权一般为某个或几个家庭所拥有和控制，家族成员出任公司的主要领导职务的公司。

家族公司可以说是一个古老而“短暂”的公司组织形态。说它古老，是因为它是历史最为悠久的一种公司形态。在私有制条件下，历史上最早的公司均是家族公司。说它“短暂”，是因为发展至今，家族公司在生命周期上有着“富不过三代”的延续规律。

资料显示，家族公司的平均寿命为24年，恰好与公司创始人的平均工作年限相同。有30%的家族公司可以传到第二代手中，其中有不到2/3的公司能够传到第三代，后者中大约13%的公司能够传出第三代。而中国家族式私营公司的寿命就更短。从这些数据我们可以看出，家族公司能持续发展下去的并不多。

家族公司也并不是什么都不好，也有其他公司所没有的优势，特别是创业之初，家族公司在市场竞争中的优势还是很明显的。

（1）起步阶段发展迅速。创业时期，凭借家族成员之间特有的血缘关系、类似血缘关系、亲缘关系和相关的社会网络资源，以较低的成本迅速集聚人才，全情投入，团结奋斗，甚至可以不计报酬，能够在很短的一个时期内获得竞争优势，较快地完成原始资本的积累。

（2）反应迅速。以家族整体利益来看，在通常情况下，利益的一致性使得各成员对外部环境变化具有天然的敏感性，外部尤其是市场变化的信息能很快传递至公司的每位成员。同时，家长制的权威领导，可使得公司的决策速度最快。在执行上，由于内部信息沟通顺畅，成员之间容易达成共识，在政策贯彻、决定方面执行得力。家族整体利益使得家族成员本身具有更强的诱因努力工作，自然地帮助公司的价值趋向最大化。

（3）心理契约成本低。可以帮助公司降低监控成本，因此家族公司的总代理成本相对于其他类型的公司低。家族成员彼此间的信任及了解的程度远高于其他非家族公司的成员，家族公司成员之间可能负担较低的心理契约成本。成员之间特有的血缘、亲缘关系，使家族公司具有强烈的凝聚力，加上心理契约成本较低，再加上经营权与所有权的合一，家族公司的总代理成本可能较非家族公司为低。

与这些先天优势相生伴随的是家族公司的特殊性也导致了诸多内在缺陷。这些内在缺陷是由家族公司的特殊性所决定的，依附于这种特殊性而生。当家族公司需要进一步做大做强时，这些缺陷便成为公司发展的禁锢，妨碍公司的可持续发展。

1. 人才"瓶颈"

公司发展都有一个从小到大的过程。家族公司创业初期，公司规模小，其核心成员基本上都是以血缘、亲缘为纽带的家族成员，创业者作为核心拥有天然的家长权威，依靠家长权威的家族式管理即可保证家族公司顺利运转，甚至可以"边吃晚饭边开董事会"。同时，家族公司在发展初期，能够提供的剩余索取权和剩余控制权总量相对较小，也就是公司应得权利供给较少。此种状况下家族公司内部各方为分享利益成果、争取应得权利的矛盾冲突不会太尖锐，强调家长权威、亲情原则的家庭伦理能有效协调家族成员的利益矛盾。这一阶段公司相对稀缺的是货币资本而不是人力资本，对管理的要求也不高。

而随着公司的发展，人才"瓶颈"逐渐凸显：一方面，公司规模的快速扩张导致公司对人力资本数量需求的大幅提高，而家族成员群体供给速度在人口自然增长率的影响下，一般会远远低于公司对人力资本需求的速度。另一方面，由于公司规模的扩张，管理的复杂化，导致公司对高级人力资本需求的增多，而对于家族成员群体而言，高级人力资本要素拥有者要受到人才成长的概率等因素的影响，在家族成员这个小规模群体内，这种人才出产的概率极低，因此从质上看，家族成员群体也很难保证对人力资本的供给。

从以上分析可以看出，家族公司的发展过程中必然会遭遇人才"瓶颈"。

2. 缺乏良好的公司文化

公司文化是公司的基本价值观和行为规范，是公司倡导、信奉同时必须付诸实践的价值理念，也是公司永续经营、充满活力的内在源泉。其主要内容是公司的制度安排和战略选择，公司有什么样的制度安排，有什么样的战略选择，就有什么样的公司文化。而在家族公司中，权力往往集中在以创业者为核心的家族成员手中，这种极权的决策体系缺乏有效的监督、反馈和制约机制，不利于决策的科学化、民主化，容易造成决策失误，这是一种制度安排上的缺陷。

同时，在另一重要环节——人才的选拔上家族公司遵循的往往是特殊主义原则，而不是普遍主义原则。所谓普遍主义原则是指选聘人才一般以能力为主，人事任免遵循制度化的人力资源管理方法。而家族公司多采取以血缘为中心的用人制度，即坚持以血缘关系第一，其次才会考虑能力。对家族成员采取特殊主义原则，而对非家族成员采取普遍主义原则，往往是家族公司的通病。这些行为背离了基本的公平原则，不仅严重挫伤非家族成员的积极性，而且使家族成员丧失提高素质的动力和压力，难以形成有效的激励约束机制。在这种特殊主义原则的指导下，人力资源得不到优化配置，合理的人才结构更是无从谈起。

打破制约家族公司发展的怪圈

中国的家族公司往往给人以管理方式落后、任人唯亲、弊端丛生等负面印象。慧聪国际总裁郭凡生表示，家族公司完全可以办好，关键问题在于如何提高自身的社会化水平。

家族公司是全球具有普遍性的一种公司组织形态，并不是低效率、落后的代名词，其活力和生命力更是一点不比非家族型公司差。与非家族型公司相比，家族公司中存在的血缘关系，能有效地解决管理层的约束和激励问题，使监督难度和交易成本降低，而天然的家族文化还能增强公司的凝聚力。

然而我们必须看到，家族公司在发展壮大的过程中仍然会面临许多问题。由于家族公司的股权高度集中于家族内部，从而导致其他人才对公司的忠诚度无法提高，最终引发“公司一做大就分裂”的怪圈，严重制约了家族公司的长期发展。

在解决上述问题的方法上，郭凡生认为，简单的职业化无助于问题的解决，而家族公司发展壮大的真正出路在于社会化。

福特汽车公司作为一家典型的家族公司，从1903年创办至今，斗转星移，百年沧桑，却保持了强大的竞争力和生命力，它的一些做法就值得我们关注和借鉴。

福特公司的创始人亨利·福特不仅以其发明和制造汽车本身而流芳百世，更以其"大众化"的价值观而彪炳史册。"要让芸芸众生都能买得起、用得上汽车，并将它作为日常交通工具。"这是老福特在20世纪初制造第一辆车时的出发点和根本宗旨。

1956年，福特公司股市首次上市，这标志着福特走上了新的历程。既然上市集资，公司就成为公众公司，就不再是纯粹的家族公司，所有权发生了变化，福特已为家族和公众共同拥有，这是股份制公司的基本概念。把公司办好、办强，保护广大股东的利益，是福特公司的基本原则。

福特公司现任董事长比尔·福特在2001年股东大会指出，汽车是全球性的复杂行业，但复杂的事情中包含简单的道理，这就是要有最好的产品，有了最好的产品就能获胜。2006年，福特公司利润达54亿美元。福特股票的回报率在过去45年里始终高于美国三大股票指数。2007年以来福特分红为4%，是市场平均分红的3倍。

一般来说，随着家族公司规模的不断扩大，家族成员的智慧和能力都会深感不足，必须向社会广招贤士能人，才能进一步发展。家族公司只有社会化才能适应现代化发展的需要。福特公司于1903年成立至20世纪30年代，福特汽车占世界产量的一半。这样的发展速度和规模，不搞社会化、专业化、区域化乃至全球化显然是不行的。

比尔·福特董事长曾经指出，分布在全球各地的员工是"福特家族的扩展"。在亨利·福特二世掌管时，公司起用了数百名专业人士，这些人在公司管理、财务会计、人事制度、发展规划、运营战略和市场销售上都表现出良好的素质和业绩，被誉为"亨利的副官们"。公司的管理从此走上了专业化、制度化、社会化的轨道。福特公司的董事长至少有6年是由家族以外的人担任的，福特家族在董事会成员中的比例也在不断下降。福特董事会除了3名成员是家族成员外，其余10名成员均是从社会各界聘请的著名公司家、金融家、科学家等专家学者。发达国家的家族公司并非封闭、人治的公司，而是开放、法治的公司。比尔·福特说，公司的经营模式和重要决策由CEO全权负责，他协助管理公司的长远规划和发展方向。

家族公司的社会化也是一种信誉，信誉是公司管理中最为宝贵的资产。

家族公司向现代公司制度迈进，其适用的公司制度因时、因地而异，不同行业、不同规模、不同发展阶段和不同背景的公司各有适合自己情况的公司制度，没有普遍适用的标准模式。福特家族公司公众化、社会化和市民化的做法为小公司的管理者提供了一些有益的启示。

▌ 明晰产权，亲兄弟明算账

私营小公司尤其是家族公司，要想得到真正的长远发展，必须有明晰的产权。俗话说"共患难易，共享福难"，当公司发展到一定规模时，家族成员就会开始关注自身待遇问题。如果处理得不好，就会使整个公司处于混乱状态，进而影响公司的整体运作。管理成本加大，公司效益下滑，最终公司会逐步失去活力甚至倒闭。

家族公司要想活得久，就要"亲兄弟明算账"，明晰产权。

1990年，正泰集团创办人南存辉通过合资及引入股东的方式完成了正泰大厦至为关键的基础构建工作。其中合资人是南存辉的妻舅黄李益，股东有胞弟南存飞，外甥朱信敏，妹夫吴炳池，及远房亲戚林黎明，南存辉的股权占60%，其余四人分享剩余的40%，黄李益以合资后转贷的形式入股。正泰集团通过第一次股权改造，构筑公司核心创业管理团队，明晰产权关系。从1991~1993年，南存辉以股权为资本，将30多家外姓公司纳入正泰麾下。至1994年2月正泰集团组建时，成员公司已达38家，股东近40名。

但是，集团化仅在产品配套、资源共享、资金流动方面给了正泰以帮助，真正的科学决策则根本无法做到。因为48个出资人使集团凭空多出了48个管家，人人都想占山为王，人人都对正泰集团有支配权，集团化更是形散神也散，才引出了正泰集团从1996年开始的集团股份制重组。

1996年正泰集团提出了"产权多元化"的口号，当时如何在一个家族公司内部建立所谓的现代公司制度并没有先例，稍有迟疑，将会使公司"失血过多"。

最重要的问题是，如何让家族心甘情愿地被稀释，而且稀释到什么程度是极限。南存辉提出两点要求：第一，必须弱化家族持股的绝对数量，以便使新的股东进入；第二，保证恰当的股权级差，变家族公司的相对控股为创业者的相对控股，以保障决策顺畅和未来上市后的权益。

确定了产权改革的基本原则，接下来还要清晰产权的现状。在细致的清产核资之后，正泰集团在四个层次上进行产权调整。

在集团内部，以全资子公司温州正泰电器为主体，以清产核资为基础，淘汰破旧、损坏、质量低下的生产资料和不合格的人员，对债务进行剥离，将有效的资产以等价股份收购或兼并入集团本部，并严格遵守消灭其法人资格的原则。这部分占集团资产的大头，大概60%以上。

对非低压电器生产但有很好发展前景的公司投资项目，按照清产后的结果进行同业的横向合并，并由集团投入大量资金控股，支持发展，遂形成了"正泰仪表仪器有限公司"等非低压电器生产的知名公司。这一部分占集团公司资产的20%。

对于资产规模较小，没有资格进入正泰集团和控股子公司经营范围的子公司，正泰以少量资金参股但不经营，并允许这些公司使用正泰的品牌和销售网络。而一些与正泰主业无关的子公司，则被劝退。

经过这番出人意料的调整后，正泰形成了有序、多元的组织结构，不仅有利于管理和生产效益最大化，而且便于日后根据公司环境、外部环境变化能及时进一步调整。

对于私营公司尤其是家族公司来说，很多关于产权的公司诟病是不可避免的，如果处理不好就会将公司送到末路之上，而南存辉的管理思想是私营公司家学习的榜样。明晰产权，不断创新体制，始终将公司的发展目标作为最终追求，才能使公司像正泰集团那样走上成功的道路并越走越远。

家族公司爱闹内讧，地位、财产、权力分配都会发生矛盾，所以管理者一定要坚持"亲兄弟明算账"。

▮ "家人"与"外人"一视同仁

众所周知，"内外有别"是家族公司的典型特征。家族成员在公司中得到更多的信任，获得更多的机会和更大的收益，同时"自家人"较少受到规范化管理的约束。外人无论多么有能力，多么努力工作，也难以得到家族的真正认同；外人不管表现得如何忠心耿耿，也会感觉到老板在处处设防。

长此以往，公司中的外来人员的工作信心就会受到极大的打击，努力工作的热情就会消退，采取消极的态度对待工作，甚至选择离开公司。结果会导致已进来的外来员工待不下去，未进来的外来员工不愿进来，公司中亲戚员工倚老卖老，只想多拿钱少出力，公司内耗严重，公司效率低下，业绩下滑，无法再继续经营下去。

因此，家庭公司的老板要避免任人唯亲的做法，对"家人"与"外人"要一视同仁，公平、公正安排岗位、职务，按能力和业绩晋升员工，让员工平等竞争。如果家族公司的老板在管理中能做到让外来员工觉得老板没把他们当外人看，在规范化管理中做到了"家人"与"外人"一视同仁，那么，外来员工就会对工作投入更多的热情，真心为公司工作，而这个家族公司的效率和业绩自然会大大提高。

要想实现这一结果，私营家族公司的老板要努力做好以下几项工作：

1. 淡化亲戚关系

在公司中，要淡化亲戚关系，提醒亲戚员工不要逾越自己的位置。尤其要让他们在公司避免这样的情况：以自己是老板的亲戚为荣；自以为是，时刻以老板的眼光看人；始终以老板的口气向别人传达老板的口谕，等等。

2. 不分亲疏，一视同仁

在公司里，不分亲疏，公私分明，一视同仁。若是亲戚遇到困难或需要帮助，可以在工作之余给予帮助。

3. 公事公办，以利益为先

明明是公司框架中的事情，有的亲戚员工却不在公司框架内去解决，非要找到老板的长辈甚至是父母，从而利用亲情关系来向老板施加压力，达到自己的目的。这是非常低劣的手段，不仅容易使老板丧失决策的独立性，而且会导致问题复杂化，使公司内部的问题发展成为亲戚之间的问题。必须一切以公司利益为先，凡事从公司的利益去思考，公事公办，杜绝亲戚的干预。

4. 大公无私，对违反纪律的亲戚绝不手软

如果亲戚严重违反纪律，违反公司章程条例，要做到大公无私，该处罚

的就要处罚，该开除的就要开除，只有这样才能够让外来员工信服，并威慑其他员工，公司运营才会良性发展。

5. 防止拉帮结派

亲戚在公司中慢慢地会形成自己的势力，对非亲戚员工构成威胁。对此，老板要保持高度警惕，坚决制止亲戚员工在公司内拉帮结派，形成派别。

6. 教导亲戚建立"团结就是胜利"的意识

要多劝导亲戚在自己的公司中搞好团结，要以工作为中心，以大局为重，让他们意识到只有大家团结一致，齐心协力，公司才能生存和发展，团结胜过一切。大家都团结，是完胜；大家不团结，是完败。对于暗中拆台，不能驾驭、不能合作、不能团结的亲戚，要果断处理，使其体面地离开公司。

7. 安抚外来员工情绪

要经常性地与公司中的外来员工沟通，维护他们的利益，消除他们被歧视的感觉，给外来员工一颗定心丸，避免不安情绪的传播。

8. 制定公平晋升的规则

在公司内制定公平的竞争晋升的规则，人人凭能力、按业绩、照规则晋升。

9. 多重用外来员工

要多聘用外来员工，多启用有能力的"外戚"担任公司的高级职务，打破亲戚垄断公司重要职务的现象，对他们的权力进行分割，防止老板的权力被架空，从而起到制衡亲戚权力的作用。

▜ 巧妙"剥夺"元老的权力

在私营公司特别是家族公司的初创阶段，会有一些能力较强、舍得吃苦，与老板一起流血流汗打江山的人，他们在公司的创立和发展过程中建立了卓越的功勋，立下了汗马功劳，算得上是公司的元老级人物。但随着公司的不断发展和时代的变化，这些元老的思想开始显得守旧，技能变得落后，继续任用他们，对公司的发展就会有所不利。是继续留用，还是忍痛解雇，这让很多家族公司的老板左右为难。

早在20世纪90年代初，跟其他公司一样，美的在发展的过程中，也遇到过创业元老隐退这一非常头痛的问题。

为了解决这一问题，何享健提出了"能者上，庸者下"的口号。这一转变立刻在公司内部掀起不小的波澜，有些被"剥夺"了岗位的"元老"找到当家人何老总，说他"喜新厌旧""过河拆桥"……

这些人都是当年一起创业的伙伴，曾经摸爬滚打的战友，从内心来讲，何享健当然不希望他们离开，但是公司要发展，就必须做出一些艰难的选择，承受变革的阵痛。面对前来质问的人，何享健不怒不恼地让秘书搬来一台电脑，对气势汹汹的来者们说："试试看，你们谁能玩得转它？谁行，明天就官复原职！"这些只有小学、初中文化的元老你看我、我看你，无言以对。这就是在美的流传甚广的"杯酒释兵权"的故事。

关于这个故事，美的创业元老之一的陈序强解释说：这个事情并没有外界传得那么离奇，有点故事化了。那二十几位老员工实质上不能说是退出，虽然大家共同凑了5000元办公司，但性质是街办公司，是集体的，他们都没有所谓的股份制，就是大家齐心合力在街道办了一家小公司，每个人都在里面就业，好像是公司的员工。大家想的就是一起办好厂，没有现在的股份意识。当时要办一家公司，街区没有钱，只好大家出钱集资，有单有据，后来公司发展，再把钱还给他们。

第一批入厂的员工到"北滘塑料生产组"这家街道办的公司打工，并不具有拿着股份的原始股东概念，不是像现在10个、20个人，大家成立一家公司，自己有可能是股东，而那时每个人心里的想法只是员工而已，不过是第一批员工罢了。

所以，不论是第一批员工，还是第二批、第三批、第四批、第五批，都属于员工性质，公司发展了，自然阶梯轮换接替。美的的创业元老大部分是自然退休，这样的老员工占绝大多数，中途走的也有，还有因为身体原因或者个人发展理由而离开的。后来美的风扇搬迁到中山，就有很多老员工说，离家太远不方便，不愿去。他们大多数每月还有工资，可以一次性把全部工资领走，也可以逐月领取一直到退休。

2005年11月7日，"退休高层异地生产基地考察团"考察归来，这些随着美的一起成长，大半辈子奉献给了美的事业的元勋，目睹了美的飞速发展的奇迹后，兴奋不已。作为美的创业元老，在退下来近两年，重新考察了美的异地生产基地后，对美的的发展深有感触。他们看到美的在何享健的正确领导下，涌现了一批年轻有为的经理人，再加上一大批年轻、有文化、有责任感的员工，一致认为美的会不断发展壮大。

通过这次对美的异地基地考察，他们看到美的在不断发展壮大，看到后继有人，个个都很开心。"1986～1987年的时候，我们财务统计每天销售收入能有一万元就很不错了，今天，美的每天的销售额都远远超过一个亿。"一直从事财务工作的静姐回想当时的情景，她说完不禁笑了，那笑声中饱含着喜悦。

家族公司的管理者可以从美的对待创业元老的方法上获得一些启示。元老隐退并不一定是件头痛的事，就像美的"杯酒释兵权"的故事并没有人们传说的那么不近人情，而更多的是美的对元老的尊重、感激、不离不弃，只有给公司的元老充分的尊重和感激，并能不离不弃，每个为公司利益着想的元老才会欣然退去，把职位留给那些更有能力的人。

选拔继承人要慎之又慎

作为家族式公司的管理者，如果不花时间处理好人事问题，那么你的决策的有效性就值得怀疑。要重视一般的员工安排，更要重视公司的高级人员的选拔和任用。因为，对他们的任用出了问题，将可能损害整个公司的利益和形象。在这方面，通用电气公司的雷吉·琼斯为我们做出了榜样。

雷吉·琼斯是杰克·韦尔奇的前任，通用电气公司的前董事长，他整整花了7年时间考察韦尔奇。任用韦尔奇，是通用历史上最成功的决策。

1974年，琼斯担任通用公司的董事长才3年，但他已经着手挑选自己的继承人。这个时候他57岁，离65岁退休还有8年时间。琼斯认为，他要找一位管理风格与自己的风格不一样的继承人。他认为，公司需要变革，继承人就一定要与前任不同，要是继承人只是前任的复制品，那么公司就谈不上发展。

一开始，琼斯的脑子里并没有一个合适的人选。于是，他要求人事部门给他准备一份候选人名单，但人事部拒绝了他的要求，人事部门认为这至少也应该是10年之后的事情。后来，在琼斯的强烈要求下，人事部门提供了一份有96名候选人的名单。这时，琼斯发现名单上少了一个应该有的人，那就是负责塑料公司的杰克·韦尔奇。

人事部门的人却认为韦尔奇年轻气盛，不懂得为人处世，太嫩了。在这种情况下，琼斯只得以命令的方式把韦尔奇加入候选人的名单。经过各种考虑，候选人最后减少到了11位，韦尔奇就在其中。经过3年的考察，琼斯已经了解各位候选人。为进一步了解候选人，加深对他们的印象，琼斯实施了他的"机舱面试"。

1978年元旦后，他把候选人一个个请进办公室。从谈话中了解有关候选人合作的可能性和对其他候选人的想法。每当候选人走进他的办公室时，琼斯都会把门关好，然后点上烟斗，并示意交谈者放松。然后开始说出一个程序般的问题："如果，你和我现在乘着公司的飞机旅行，这架飞机坠毁了。谁该继任通用公司的董事长？"

韦尔奇怀着忐忑不安的心情被召去接受"机舱面试"。根据要求，韦尔奇写下了3个董事长的候选人姓名，其中包括了后来成为他董事会合作者的胡德、伯林盖姆和他本人。

"谁最有资格？"琼斯问。

韦尔奇想都没想，说："这还用问吗？当然是我了。"

他忘了，这个时候，他已经和琼斯在旅行中"坠机遇难"了。这次谈话使琼斯对韦尔奇更加欣赏了。

3个月后，琼斯把候选人压缩到8个人，并再次请他们进行第二轮的"机舱面试"。当然，问题做了改变。

"这次，我们两个还是乘同一架飞机，但是，飞机坠毁后，我死了，而你却很幸运地活了下来，你说，谁该来做公司的董事长？"琼斯要求列出3名候选人。

这次，最令琼斯高兴的是，他最中意的三位候选人：韦尔奇、胡德和伯林盖姆中，各自在3名董事长候选人的名单中包含了另外两位。最后，他把继承人确定为杰克·韦尔奇。

为了让董事会认可韦尔奇，他让韦尔奇、胡德和伯林盖姆都进入了董事会。经过一段时间的考察，1980年11月，琼斯让人事部门提交了包括聪明才智、吃苦耐劳、自我管理、同情心在内的15项测评结果，韦尔奇的分数位居第一。这时，不仅琼斯，通用公司的其他19名董事都同意推举韦尔奇为下一任通用董事长。

雷吉·琼斯花了7年时间选拔他的继承人，其重视选人和用人的精神着实让人敬佩。

管理大师德鲁克说："经理们在管理下属和做人事决定方面比其他任何工作所花费的时间都要多——他们理应如此。没有任何一项决策像人事决定那样影响深远并且难以更改。尽管如此，经理们所做的提升和任用决定还是令人难以恭维。统计起来，他们成功的记录不会超过0.333，即1/3的决策是成功的，1/3勉强合格，另外1/3则是彻头彻尾的失败。"这段话是他总结多半个世纪的管理和咨询经验后所做的判断。由此可见人事决策之困难。

家族式公司的管理者在作人事决策时，要记住"快速的决策多为错误的决策"，正确的决策应该有一个斟酌的过程。在人事决策中应注意以下几个问题：

（1）认真考虑招募岗位的关键工作任务。

（2）注意候选人的数目。

（3）用什么标准衡量候选人。

（4）为什么选中的人表现不佳。

为了你的公司能成为一个长寿公司，应多花点时间关注你的人事决策。

◤ 培养接班人：带三年、帮三年、看三年

家族公司的决策制定和冲突解决往往更加有效，然而内部治理取决于家规而并非外部纪律的现实，往往导致其职业化水平偏低。

香港丽新集团的创始人林百欣从学徒做起，最终拥有5个上市公司。他以工作努力而闻名，却曾长期为继承问题而苦恼。由于林百欣对二儿子林建岳比较疼爱，所以林建岳大学毕业后就直接出任公司副总裁，但紧接着就为此付出了惨痛的代价。1987年，在林建岳的建议下，丽新集团买下了亚洲电视大部分股份，结果亏损高达30亿港币。

1997年，在林百欣不知情的情况下，林建岳又投资70亿港币收购富丽华酒店。几个月之后，亚洲金融危机爆发，房价暴跌，丽新损失惨重，在此之后的7年时间里，丽新陷入倒闭危机。

很明显，大多数家族公司获得成功之后，纨绔子弟们无法有效继承。在训练继承人这一环节上，绝大多数公司彻底失败，这样的例子在中国比比皆是。

子承父业模式就是公司创始人退位后把权力和财富传承给子女。这是家族公司中创始人最主要的退位模式。但从对接班人的培养角度来说，子承父业模式又有体内和体外两种培养方式。

在“传子不传贤”的传统下，公司的非家族员工缺乏向心力，而决策者近亲繁殖的结果使其决策品质相对低下，往往使家族公司走向衰败。但这一根深蒂固的传统至少在短期内难以改变。方太董事长茅理翔向他的儿子交班时说：“要走过三代，首先就是培养接班人的问题，没有合格的接班人就是公司最大的损失。”他坦承，只有在子女都不行的情况下，才考虑采用经理人全权经营的思路，而且要保证家族所有权，强化董事会的职能。

方太集团采取的是典型的体内培养方式，创始人茅理翔成功把权力棒交接给儿子茅忠群。茅理翔的做法是带三年、帮三年、看三年，交班前就把儿子培养成能独当一面的继承人。

1995年，茅理翔就有意识地让茅忠群逐渐走入家族公司的核心。第一个三年是将产品的开发权下放给儿子，让他熟悉公司的运作，并组建自己的小团队；第二个三年是经销权的下放，获得圈内的认可和市场的认可；第三个三年则是管理权的下放，让他更好地掌管公司。为顺利把权力传承给接班人，茅理翔说："创始人要开明、开放，要相信第二代。第一阶段可以把经营权彻底下放，第二阶段可以把决策权下放。不这样做，孩子成长不了。"

而美的集团创始人何享健对儿子何剑锋则采取了体外培养的方式。1994年，何剑锋自己创业，创办现代实业公司，2002年升级为盈峰集团。为了顺利交接，何享健2001年就开始铺路，美的换班不是硬换，而是逐步过渡。

一般在交接班过程中，创始人都会面临如何平衡与自己一起创业的精英职业经理人的利益问题，以及家族内部成员的利益平衡问题。因此，在传承的时候，首先应考虑的是公司所处的阶段。当核心竞争力还没有形成时，信任就很重要，传给自己的孩子，你的信任度会比较高，风险也会比较低。当公司做得很好的时候，传承时可以考虑让职业经理人进来帮你经营。其实，不管是职业经理人还是自己的后代，一个公司的创始人，只要本着能够把公司传承下去，对公司和自身有益的理念，任何一种途径都是可取的。

▮ 让贤，让职业经理人执掌帅印

中国的家族公司可谓是源远流长，最早可以追溯到春秋吴越时的范蠡。他协助越王勾践灭了吴国之后，"乘扁舟浮于江湖"，与儿子一起经商，成为巨商，史称"陶朱公"。后来，晋商、徽商等中国商人，无不是家族式公司的代表，他们为中国模式的家族公司积淀下一脉相承的历史渊源。

家族式公司深深植根于中国以家庭和血亲为核心的文化传统之中，当代中国社会经济环境中有很多适合家族公司生存的特点，所以，经过几十年的迅速发展，家族式管理成为中国近70%的小型私营公司的主要管理方式。

然而，随着市场经济体系逐步发达和经济日益全球化，纯粹的家族公司的生存与成长空间慢慢变得狭窄甚至没有了出路，当市场变革速度越来越快、竞争越来越激烈时，完全由家族成员掌控的封闭式家族管理的弊端越来越明显。

就目前来看，家族公司的"硬伤"主要有以下几点：

首先，随着家族公司的成长，其内部会形成各类利益集团，由于夹杂复杂的感情关系，使得管理者在处理利益关系时会处于两难的境地。管理者很难像处理普通员工那样处理犯错的亲属和家人，这给公司内部管理留下了隐患。

其次，家族式公司对外来的资源和活力有排斥心理。由于难以吸收外界的优秀人才，公司更高层次的发展会受到限制。

最后，家族公司缺乏科学的决策程序，从而经常会导致决策失误。随着公司的发展，竞争环境的改变，公司以往的成功经验开始失效，投资的风险越来越大，如果没有民主、科学的决策，公司将会非常危险。

如何克服这些弊端，挣脱家族公司管理的桎梏？这是当前众多家族公司管理者感到头痛的问题，也成了决定家族公司下一步走向何处的关键一点。

正如新希望集团总裁刘永行所说："家族公司最大的弊病就在于社会精英进不来。公司的最高位置都是自家人，外面有才能的人进不来，而且一家人的思维方式多少有些类似，没有一个突破点。大家各有各的想法，要决策某件事就很难，容易耽误商机。"而家族公司要克服这些弊端，则必须通过吸纳与使用职业经理人，推行规范化管理两个途径，逐步实现职业化的管理，最终突破家族公司封闭式管理模式。

美国汽车巨头福特公司是典型的成功的家族公司，但在2006年，福特公司出人意料地宣布，波音前副总裁艾伦·穆拉利从福特家族传人比尔·福特手中接过"帅印"，出任福特总裁兼首席执行官。这也意味着，在49岁的比尔·福特执掌这家由其曾祖父创办的公司5年之后，福特家族又一次把CEO的位置让给了职业经理人。

比尔·福特"让贤"的理由是，即将"空降"的职业经理人穆拉利比自己更有能力将福特做好，他在管理以及扭转复杂制造业务方面拥有丰富的经验。这是最吸引福特的地方。后者在给员工的信中指出："很显然，波音最近几年面临的很多挑战与我们的处境相似。"他说，福特公司必须认识到"要想实现振兴，领导人必须有带领大型制造公司应对类似挑战的经历"。

福特的经验告诉我们，解决家族公司管理难题的方法很简单，就是任人唯贤，大胆地引入职业经理人，建立公正、合理、完善的管理文化。当然，公司不必刻意地清除家族成员，也无须非要把所有位置都换成职业经理人，只要能够把握一个用人标准：把一个人放在这个位置完全是因为他的才干。

▶ 甘当"老二"，潜心修炼内功

在创业之初，许多小公司的管理者意气风发，充满雄心壮志，热衷于把自己的公司定位于行业龙头、销量第一，很少有不愿意当第一的。

这样的想法值得嘉许和称道，但是，小公司如果不考虑自身的资金、技术、人才等条件，不顾自身的实力，不考察市场的竞争态势，一味追求第一，就会犯很多公司都会犯的急功近利的错误，经营误入歧途，从竞争激烈的市场中败下阵来。

对于公司是否要做行业的龙头、老大，国内厨具知名品牌"方太"当家人茅理翔有清醒的认识。在一次公司峰会上，他坦言："方太不争第一，甘当老二。"他的观点是，老大是行业的首领，何必一定要去争老大呢？更何况第一也好，第二也罢，关键在于谁是强势品牌，能永远立于不败之地才是长寿公司。

1996年，方太涉足吸油烟机行业，当时已有帅康、老板、玉立等捷足先登，但全国几大生产厂家的总产量与市场预测需求量相比仍处于上升期。方太通过广东、上海等地的市场调研发现，吸油烟机正处于从薄型向深型过渡的时期，而普遍存在的六大缺点令消费者十分头痛。方太对症下药地进行了科技攻关，使之转化为"造型别致、运转宁静、绝不滴油、易拆洗、吸排彻底、安全节电"等几大优点，问世仅一年半的时间即跻身同行业前两名。

同行业老二的地位，方太已经保持好几年了，为什么方太不想冲上第一名的宝座呢？方太管理者茅忠群认为，"甘当老二"的战略是一种理性选择。他认为，公司要先把定位搞清楚，其他工作才不会犯糊涂。现在厨具行业一直存在价格战误区，一些厂家急功近利，经常采取降价手段实现销量上的突破。每次方太开季度例会，四五十个销售员为价格而发急，抱怨公司

"东西贵了卖不动"，某某又降价打折了，某某又出了一台低价机，严重影响了方太的销量。方太高层此时总是提醒大家沉住气，紧紧把握住两点：

第一，市场一开始就有自然的产品定位与价格定位，顾客群分解得比较清楚，方太是中高档定位，降低价格就等于降低产品定位。

第二，我们要对用户负责。价格战必然导致全行业的亏损，一个公司不可能长期亏损，这样就失去了三个功能：失去了优质服务的支撑力，最终还是用户受害；失去了支撑高品质的能力，会走上偷工减料的路子；失去了进一步开发新品的能力，不能满足忠诚用户的新需求。所以方太从长远利益考虑，始终不参与价格战，坚持否定降价政策，冷静地处理价格与销量的关系，熬过了一次又一次的价格风波。随着消费心理的日益成熟，方太中高档定位已被用户广泛接受，并达到相当高的认同度。方太的利润年年增长，始终保持健康的发展趋势。

这样的说法，公众有理由认可，因为定位于"老二"有助于减少浮躁情绪，稳下心来精耕细作。茅理翔认为："当第一太累了，会成为众矢之的，天天战战兢兢怕掉下来。事实上，当老二也不是件简单的事，而甘当老二，更难能可贵。现在有很多大公司，扩张太快，几年后立即倒下去了。有的图个盛名，内部是千疮百孔，不堪一击；有的是泡沫，一有风吹草动，就会破灭。所以，关键还得修炼内功，这样才能真正成为长寿公司。"

甘当第二，还有一个理由：方太的市场定位是中高档，而中高消费阶层不可能占大多数，从市场占有率来讲，市场份额就相对比较小。所以，我们要老老实实甘当老二，扎扎实实打造顶尖品牌。能长久当老二，就是一个成功者、胜利者。

茅理翔还认为，一个公司的定位问题关系到这个公司战略经营哲学，从某种意义上来讲，也是公司的核心竞争力。作为掌门人，必须要有一个比较远大的目标；必须对自己的目标有科学明确的定位；必须用好手下的人；必须密切注意市场动态，根据变化经常调整。只要这四点做到了，其他的问题都能迎刃而解。

长寿公司均有一个相似之处，即均是强势品牌公司、稳健发展公司。甘当老二，这其实是一种竞争策略。小公司不必非得要将自己定位为行业的龙头公司，向第一看齐。甘当第二，踏踏实实做好自己的经营，打造自己独具特色、受消费者欢迎的产品品牌，也是一种成功。

突破融资困境，为家族公司输血

改革开放以来，我国涌现出一大批家族公司，经过30余年的蓬勃发展，现已成为国民经济的重要支柱。据统计，中国小公司中有80%是家族公司。但从资本结构来看，家族公司资金严重依赖内源融资，融资困难成为当前家族公司发展面临的最重要的问题之一，其原因在于我国家族公司信贷融资存在严重的市场失灵，主要表现为以下几点：

1. 家族公司缺乏信用

由于绝大多数家族公司固定资产少，经营规模小，流动资金少，流动资产变化快，无形资产难以量化，难以形成较大的、稳定的现金流量，因而当需要靠融资补充流动资金时，家族公司只能以自有资产担保来向银行借款。由于家族公司可作抵押的资产少，其偿债能力有限，银行往往缺乏投资热情。

2. 家族公司的经营风险较大，财务管理薄弱

家族公司通常不像大公司那样具有严格、完备的财务管理制度，甚至有

一些家族公司为了短期利益不惜做假账，以达到逃税、漏税的目的，这严重影响了家族公司的整体信用形象。

3. 家族公司产权结构不明晰

我国家族公司产权结构比较单一封闭，这种模式使得许多家族公司意识不到外部融资的重要性，仍主要依靠自身的积累和家族成员的再投入来发展，这就限制了公司的扩张。另外，外部投资者对家族公司管理者的能力和公司未来的业绩缺乏信心，一般不愿投资。

4. 金融机构对家族公司的偏见

由于家族公司融资主要以交易性融资为主，其交易频繁、额度小，加之家族公司的信息透明度低，缺乏有效的抵押和担保，风险大，因此金融机构不愿向家族公司贷款，也没有开发出适合中小公司的金融服务。已有的金融服务，出于对家族公司偿债能力的怀疑，尽量限制其贷款额度，贷款手续繁杂，抵押条件苛刻，对抵押品要求过严，抵押率过低，降低了家族公司贷款的获取率，而这对家族公司为主的中小公司显然很不公平。

家族公司融资的市场失灵归根到底是体制和制度方面的问题，所以，家族公司自身应致力于提高内部管理水平和开展产权制度创新，采用正确的融资策略，具体包括：

1. 提高管理水平

家族公司必须认识到，要想提高管理水平，必须从根本上解决人才短缺、管理水平低的问题。管理水平上去了，才能使所筹募的资金得到有效利用。

2. 家族产权创新

为了获得进一步发展所需的资金和降低公司风险，对具有一定规模的家族公司进行产权制度创新已成为当务之急，应按照贡献原则、效率原则、公平原则理顺家族成员的产权关系，界定公司产权，明确公司的性质，优化产权结构。家族公司在明晰内部产权关系的基础上要努力实现产权多元化，调动员工的积极性，有条件的家族可以通过上市吸引社会公众投资。

3. 建立完整的家族公司诚信体系

市场经济是一种信用经济，而公司融资与信用文化有着密切的关系。公司信用制度重建是改善公司融资环境、提高公司融资效率、建立新型公司融资机制的重要前提和条件。重建公司信用制度要在公司文化的核心价值观中突出信用要素的重要地位，形成公司信用的内在约束机制，完善家族公司的财务制度和信息披露制度，建立完整的家族公司诚信体系，提高家族公司的信用水平。

我国家族公司融资市场失灵是由金融机构和公司两方面造成的。要改变这种现状，必须从供需两方同时着手。金融机构应进行体制创新和服务创新，增加信贷供给；家族公司应提高经营管理水平，减少不确定性的预期，增强市场实力。

▶ 以"思利及人"的理念造就长青公司

"家文化"体现了中国传统文化的突出特征，是中国家族公司文化的核心。"家文化"对中国人的社会、经济、政治等各方面的活动影响极大，同时也对家族公司文化的形成产生了重大影响。但是，随着中国公司管理与世界接轨，以中国传统文化为基础的"家文化"正受到来自现代公司管理文化的挑战。在商业竞争中如何化解文化差异冲突，融合先进理念，保持家族公司文化活力，已经受到越来越多的关注。

百年民族公司李锦记，经历117年的风雨历程与艰辛创业，成为一家世界的民族公司、一个民族的世界品牌，在"富不过三代"的亚洲商界，创造了一个奇迹。

是什么推动着南方李锦记这个家族公司持续快速地发展的？其实就是缔造百年老店、长青公司的经营观念。

提炼南方李锦记公司文化就是两个东西："思利及人"和"自动波领导模式"。"思利及人"的渊源：在中国的传统对联中，充满着待人接物、教育子女、工作生活以及理想追求等方面的道理。其中一句"修身岂为名传世，做事唯思利及人"让李锦记集团主席李文达深有感触，他认为"做事唯思利及人"这句话与家族的经商之道非常契合，因此便将"思利及人"四字单独装裱起来挂在了办公室。从此，"思利及人"就成为表述李锦记价值观念的核心词汇，也成为南方李锦记文化的精髓。

今天，思利及人，已经成为南方李锦记全体员工、伙伴和顾客的共识，也是社会最为认同的焦点。

思利及人，这是中国人的智慧，也是南方李锦记人的智慧。李锦记无论是在流程、服务、策划还是执行的过程中，都能够让人强烈地感受到思利及人的光芒在闪耀。

从思利及人出发，南方李锦记人坚持思利及人的价值观，坚持科技领先的产品观，坚持顾客第一的操作观，坚持三个专心的策略观，坚持客企一体的决策观，坚持造福社会的发展观。

南方李锦记文化的具体实施体系是它独创的"自动波领导模式"。源于老子的道家学说，建构在"道天地将法"的思维平台，强调高度信任的氛围和共同目标的积极作用，注重运用教练的心态和技巧，透过OPERA充分授权，让这个年轻的团队释放无限潜能。顾客、员工的满意度不断攀升，公司效益也连年翻番。

　　南方李锦记的文化，源于中华悠久文化，带着浓浓的时代气息，提炼于长时间的认真实践，经过百年探索，尤其是近十年的"狂风暴雨"，显现出巨大的成效，这不仅是一家公司的骄傲，更是我们民族的骄傲，因为它起源于中国。

　　家族公司持续发展，优秀的公司文化不可或缺，福特、杜邦这样的百年企业，正因具有强大的公司文化而屹立不倒，让我们也一同期待中国家族公司所展现的以中国现代传统文明为主的文化内涵，能够让它们保持长久的生命力，使得家族公司基业长青。